障がい者雇用率
100%の株式会社が
なぜ業界トップクラスで
あり続けるのか

奇跡の会社

株式会社障がい者つくし更生会 専務取締役
那波和夫

筆協力 TNC

あさ出版

プロローグ

つくし更生会の「７つの奇跡」

なぜ「奇跡の会社」と呼ばれるのか

福岡市の郊外に「奇跡の会社」と呼ばれる会社があるのをご存じでしょうか。

このようなことを当事者の口から言うのは気恥ずかしいのですが、私が専務取締役を務める「株式会社障がい者つくし更生会《こうせい》」は、一部の学者、コンサルタント、士業など経営の専門家の方々から、そのように呼ばれることがあります。

私たちの会社、株式会社障がい者つくし更生会（以下「つくし更生会」）は、福岡県大《おお》野城《のじょう》市にあります。

大野城市は福岡市のベッドタウンで、私たちが行っている業務は、大野城市及び春日市から委託を受けての、不燃性一般廃棄物処理施設の運転・管理です。

行政（春日大野城衛生施設組合）と施設の運転・管理の委託契約を締結し、その委託料によって会社を運営しています。行っている業務も、市民の方々が出されたごみのうち、資源にできるものは資源として、資源にできないものは不燃ごみとして処理します。

つまり、行っている業務にも、ビジネスモデルにも「奇跡」と言っていただけるような大それたものはありません。

そんなつくし更生会がなぜ「奇跡の会社」と呼ばれているのか。

つくし更生会を見学にいらした方々のお言葉や感想を参考に、その理由を挙げてみようと思います。

①障がい者の法定雇用率が１００％である

つくし更生会は「障がい者が自ら雇用の場を創造・開拓し以《も》って、障がい者の自立更生を図《はか》る」会社として生まれました。

この創業時の設立趣旨を受け継ぎ、現在も、つくし更生会では障がい者雇用を積極的に行っています。その結果、時期によっては法定雇用率（換算）が１００％を超えることもあるなど、創業以来、全国でもトップクラスの障がい者雇用率を維持し続けています。法定雇用率は、重度障がい者を2人と数えるため、割合が１００％を超えることがあるのです。

②補助金なしで株式会社として成立している

私たちは、つくし更生会を株式会社として経営しています。

普通に考えれば、株式会社の目的は利益を生み出すことです。しかし、つくし更生会は、株式会社でありながら①のように多くの障がい者を雇用しています。

株式会社が法定雇用率１００％を超えるほどの障がい者を雇用しているのであれば、補助金や給付金をもらって経営を成り立たせているのだろうと勘違いされることがあります。あるいは、障がい者を雇用しているから低コストを実現できているのだろうと考える人もいます。

しかし、つくし更生会では創業以来、補助金や給付金をもらったことはありません。つくし更生会はお客様からいただいた業務への対価だけで、会社の資金を回し、社員の給与を払っています。当然、雇用している社員の給与も、健常者と障がい者で差はありません。

③廃棄物処理施設の運転・管理で全国トップクラスである

ありがたいことに、つくし更生会は廃棄物処理の運転・管理を行う会社として、全国トップクラスの評価をいただいています。

全国トップクラスといっても、この仕事は他の業種と違い、直接的な売り上げや市場シェアで他社と比べることはできません。私たちの仕事の評価は、「管理を任されている廃棄物処理施設を、いかに安全に、効率よく低コストで運用できているか」という点と、「資源とそうでないものの分別《ぶんべつ》がいかに正確に行えているか」で決まります。そしてこの2つの評価尺度は、実は両輪の関係にあります。

なぜなら、資源とそうでないものとの分別が事前にきちんとできていないと、機械に不適物が入って不具合の原因となることがあるからです。機械が壊れたり、ぞんざいに扱って機械の寿命が短くなったりすれば、それだけコストがかかります。

つくし更生会が預かっている春日大野城リサイクルプラザ（以下、リサイクルプラザ）は、他の廃棄物処理施設と比較して施設の機械を損傷させることが非常に少なく、機械自体の維持状態が良好なため、機械の寿命も平均よりもはるかに長いという結果が出ており、それが全国トップクラスという評価につながっています。

④社員が成長し、イキイキと仕事をしていると周りから言われる

つくし更生会には毎年、何百人もの人が会社見学に訪れます。繰り返し見学に来るリピーターも少なくありません。

そして、会社見学に来た方々からは決まって、「つくし更生会の社員はみんなイキイキと仕事をしている」という感想をいただきます。自分の会社の社員とつくし更生会の社員を比較して「うちの会社の社員は目が死んでいる」とショックを受ける経営者もいるほどです。

⑤社員の定着率実質１００％。社員全員が「この会社に入ってよかった」と言い、辞めたいと言ってくる社員がほとんどいない

当社では、定年や家庭の事情などのやむを得ない事情以外で会社を辞めていく人がほとんどいません。また、社員が皆「この会社に入ってよかった」と言ってくれます。

つくし更生会が行う廃棄物処理の運転・管理という仕事は、肉体的にも精神的にも決して楽なものではありません。「障がい者だからこの程度でもしようがない」と、会社が業務の精度に妥協することも、全くありません。ですから、仕事の負荷という意味では、つくし更生会より楽な会社は他にもたくさんあるでしょう。

にもかかわらず、辞める人がほとんどなく、皆が「この会社に入ってよかった」と言ってくれるということは、それだけ会社に対する愛着や、居心地のよさ、働きがいを社員全

員が感じてくれている証だと思います。

⑥合否にかかわらず、入社希望者に喜ばれる採用面接を行っている

採用面接の後で、「楽しかった」「話しやすかった」などといったことを、就職希望者から言ってもらえることが少なくありません。当社の採用面接は一人1時間以上かけることもあるのですが、それでも「あっという間に終わった」と言う人もいます。

つくし更生会は社員数が30人から40人程度と小さい会社ですので、採用できる人数には限りがあります。当社では、仮につくし更生会と縁がなかったとしても、せめて選考の過程で人に何かを話す練習に役立ててもらえるよう、できる限り求職者たちの話をじっくりと聞くようにしています。たくさん話をすることができて、うれしいと思ってくれるらしく、「あっという間」と感じる求職者も少なくないようです。

⑦ずっと昔から「SDGs」「ダイバーシティ」「理念経営」を実践している

持続可能な開発目標、いわゆる「SDGs」が、最近の会社経営の常識のようになって

いますが、つくし更生会に見学に来た人たちは皆、「御社では、そんな言葉が生まれるずっと以前から、ＳＤＧｓに取り組まれていたんですね」と言ってくれます。そのように言ってくださること自体は照れくさくもあり、うれしくもあります。

同じように「多様性」や「ダイバーシティ」「理念経営」や「心理的安全性」など、経営の世界で新しい言葉が流行るたびに「つくし更生会は時代の先を行っていた」と言っていただくことが少なくありません。

私たちにとっては、結果的にそうなっていただけのことなのですが、そのように、高く評価してもらえることは、大変うれしく励みになるものです。

つくし更生会にとっては当たり前のことだった

これら7つが、わが社を「奇跡の会社」と呼んでくださる要因のようです。特に多くの人は、「株式会社でありながら、障がい者を数多く雇用し、しかも業務水準は全国トップクラスで、なおかつ社員の満足度も極めて高い」という事実に接して、「こんな会社は見たことがない」と驚嘆していただいています。

しかし、わが社はもともと、「障がい者が自ら雇用の場を創造・開拓し以って、障がい者の自立更生を図る」ために創業した株式会社なので、①の〈障がい者の法定雇用率が100％である〉と②の〈補助金なしで株式会社として成立している〉ことは、実は私にとって何の違和感もなく、ごく当たり前なのです。

私たちは創業以来、障がい者雇用を通じて経営について学んできました。それは、障がい者とともに懸命に働いてきた経験を通じて、「人」について学ぶことでもありました。私たちが日々の業務で得ているそうした学びが、「つくし更生会の中だけの価値ではなく、他の会社や多くのコミュニティにとっても広く価値のあるものである」として、有志の方々がわが社の経営についての書籍化を企画してくださったのは、今から5年ほど前、2019年頃です。ＴＮＣ（「いい会社」を支援するためのコンサルティングファーム）のメンバーである皆さんは、「障がい者雇用のノウハウではなく、価値ある経営の本を世に出しましょう」と熱心に説得してくださいました。

この間、新型コロナウイルスの蔓延があったり、私自身が大病を患ったりしましたが、回復を待っていただき、ようやく本書が世に出ることとなりました。

本書は、つくし更生会とＴＮＣという最強チームの皆さんの共同作業で完成しました。皆さんに深く感謝申し上げます。

プロローグ　つくし更生会の「7つの奇跡」

PART 1　つくし更生会の「成り立ち」

PART 2 「道を示す立場の会社」になりたい

PART 3

「価値」が先、「利益」は後

PART 4

「会社の価値」を高めるために取り組んでいること

PART 5 「コスト」と「投資」をどう考えるか

PART 6

採用・不採用を問わず喜ばれるつくし更生会の面接

PART 7 人と向き合うから生産性が上がる

PART 8

「教え方」ですべてが変わる

PART 9 私たちが社員の成長のためにやっていること

PART 10

会社見学によって得られること・提供できること

PART 11

就労体験で様変わりする特別支援学校の生徒たち

PART 12

みんなが「働いて幸せになる」企業風土でありたい

PART 1

つくし更生会の「成り立ち」

障がいのある当事者が見た「障がい者と社会」

株式会社障がい者つくし更生会（設立時の名称は、株式会社身体障害者つくし更生会）は、１９８４（昭和59）年に設立されました。

つくし更生会が設立される少し前の時代、昭和40年代から昭和50年代は、国際連合が「精神薄弱者の権利宣言（昭和46年）」「障害者の権利宣言（昭和50年）」を次々に採択し、１９８１（昭和56）年を「国際障害者年」に指定するなど、国際的に障がい者に対する注目が集まっている時期でした。

日本でも１９６９（昭和44）年に宮城県仙台市で「福祉のまちづくり」の運動が始まり、これをきっかけに、障がい者の生活圏拡大のための市民運動が生まれてきました。

１９７０（昭和45）年には「心身障害者対策基本法」が制定され、１９７３（昭和48）年には厚生省（現・厚生労働省）が「身体障害者福祉モデル都市事業」を開始します。

しかし、後につくし更生会の創業メンバーとなる故・小早川茂夫《こばやかわしげお》は、世間のこうした動きには厳しい目を向けていました。

なぜなら小早川は終戦時にシベリア抑留を経験し、２年３カ月にもわたって過酷な環境を生き抜きました。なんとか帰国できたものの、帰国早々、重い肺結核を患っていることがわかり、治療のため、片側の肋骨6本を取る大手術を余儀なくされたのでした。10年に及ぶ闘病生活を経て病状自体は回復したものの、最終的に胸郭成形術による左上肢機能障がいという障がいが残りました。

その後病気が完治した小早川は就職活動を始めますが、肺病上がりで障がいがある人間を雇ってくれるところは当時はどこにもなく、就職活動の助けになればとラジオ修理の免許を取ったものの一向に状況は変わらず、結局、「小早川電機商会」という個人会社を立ち上げました。32歳でした。

その後、自身の会社を懸命に運営するかたわら、プライベートでは結婚、2人の子どもを授かりました。

小早川は障がいのある当事者として、障がい者の社会参加、特に働くということがその時どれだけ困難かを思い知らされました。そのため、１９８１（昭和56）年の国際障害者年に障がい者の「完全参加と平等」が謳《うた》われていても、手放しで喜ぶことはできませんでした。あの宣言が、実際に生活の中に根づき、障がい者の安定的な生活や社会参加が実現するまでには多くの困難があるだろうと考えていたからです。

そんな小早川のところに、大野城市と春日市が不燃物処理施設を新しくつくる、という情報が飛び込んできたのが１９８３（昭和58）年のことです。当時、小早川は58歳でした。

大野城市と春日市、障害者福祉都市に指定される！

創業より少し前、大野城市と春日市は1979（昭和54）年に、厚生大臣による「障害者福祉都市」の指定を受けることになりました。「障害者福祉都市」とは、先ほど挙げた「身体障害者福祉モデル都市事業」の流れを汲む制度です。

この指定を受けた地方自治体は、障がい者の生活環境の改善や障がい者福祉サービスの実施、心身障がい児の早期療育の推進及び市民啓発の各事業を総合的に実施し、障がい者が住みよいまちづくりの推進を図る必要があるとされました。

大野城市と春日市はこの指定を受けたことをきっかけに、障がい者福祉の充実に向けてさまざまな施策を展開しました。市庁舎などの公共施設に自動ドアやスロープを設置したり、主要道路に視覚障がい者誘導ブロックを設置したりなど、今となってはどこの街でも当たり前のように行われていることを先駆けて行うこととしました。

そんな大野城市と春日市のある福岡県に小早川が住んでいたというのは、ある意味運命だったのかもしれません。

大野城市と春日市が不燃物処理施設を新しくつくるという情報を耳にした小早川は、その施設の業務を障がい者の団体にやらせてほしいと市に掛け合いました。一方で、小早川がつくった障がい者の団体を市の仕事を受託できる「会社」にするため、資金集めに奔走しました。今と違い、株式会社の設立には1000万円の資本金が必要だった時代でした。

後押ししてくれた2つの自治体の市長たち

この時、小早川は不燃物処理施設の方式を根本的に変えてはどうかという提案もしました。小早川が市に掛け合った時点では、不燃物処理施設の方式は溶融方式となる計画でした。この方式は、高温で不燃物を溶融するため、他の方式よりも有害物質の発生を抑えられ、最終的な廃棄物の体積を大幅に減少させることができます。しかしその一方で、設備の運転コストが高くなる傾向にある他、操作やメンテナンスに高度な技術が必要となりました。そんなことでは、障がい者が仕事を請け負うのはむずかしくなってしまいます。

そこで小早川が提案したのが、手選別方式でした。手選別の場合、廃棄物の処理の効率は溶融方式に劣りますが、一方で、低コストで柔軟な分別が可能になるというメリットがありました。また溶融方式よりも人手が必要となるので、より多くの障がい者を雇用するために、ぜひとも手選別方式を採用してもらう必要があったのです。

施設の方式はほぼ溶融方式に固まっていて、今さら変更できる状況ではないと誰もが思いましたが、幸運なことに、小早川の話に耳を傾けてくれる人物が行政にはいました。当時の大野城市の市長だった森山幸雄氏と、春日市の市長だった亀谷長栄氏です。

当時は、障がい者の団体に不燃物処理施設の業務を委託することについて「障がい者に任せたら危険じゃないのか」「何か起こったら誰が責任を取るんだ」といった批判や心配の声が相当あったそうです。しかし、小早川の話を聞き入れてくれたこの二人は、他県の施設の視察を行った上で、熱心に関係各所の担当者を説得してくださいました。

大野城市と春日市が他に先駆けて「障害者福祉都市」の指定を受けていたことも大きかったのでしょう。最終的に、不燃物処理施設のつくし更生会への業務委託に加え、溶融方式から手選別方式へと、施設の方式変更が決まりました。

これを受け小早川は、「株式会社身体障害者つくし更生会」を設立することができました。

「障がい者の、障がい者による、障がい者のための会社」

なぜ、つくし更生会が株式会社として設立されたのかというと、これは身も蓋もない話なのですが、行政の仕事を受託する上で、この選択肢しかなかったからです。障がい者団体では社会的な信用がまるで足りません。有限会社ですら信用面であやしいという時代でした。株式会社として設立することで、周囲、特に行政方面からしっかりとした信用を得ようとしたわけです。

また、株式会社にしておけば、資本金を集めやすいという理由もありました。

会社をつくるには、当たり前ですが、お金が必要です。当時は株式会社設立にあたって最低1000万円の資本金が必要でしたが、相手が障がい者では、銀行もなかなかお金を貸してくれませんでした。

そこで小早川は株式会社として株式を発行し、一株5万円で障がい者やその家族、支援者を中心に株主になってもらい、まとまった資金を集めました。

こうして、つくし更生会を創業した小早川をはじめとするメンバーが考えたのは、「高度成長時代のように、座して行政の福祉サービスに甘えるのではなく、障がい者自らも努力して、更生の道を切り拓いて行くべきだ」ということです。

健常者は、障がいがある人に対してはなかなか「甘えるな」「自ら努力せよ」とは言えません。どうしても言いづらい面があります。しかし、障がいのある当事者が、創業時の思いとしてこうした言葉を残してくれたことは、後のつくし更生会に大きな影響を与えてくれました。

ちなみに、社名にある「更生」という言葉には、小早川の強い思いが込められています。

「更生」には、非行少年などに対してよく使われる「悪い状態からよい状態に戻る」という意味の他に、「生き返る」「甦《よみがえ》る」という意味もあります。

それまで「できない」と言われ続け、社会が支援する対象だった障がい者が、自らも努力して更生の道を切り拓き、逆に社会の役に立つ人として甦ってほしい、生まれ変わってほしいという思いです。

これを実現するためには、〝障がい者を雇って終わり〟では意味がない。障がい者の雇用を、障がい者の更生へのスタートにしていかなければならない。そうした思いがあったからこそ、創業のメンバーは、不燃物処理施設の業務に関して右も左もわからないような状態の中、会社経営で一番苦しいと言われている最初の10年を乗り越えられたのでしょう。

福祉をしているつもりはない

以上が、「障がい者が創業メンバーとなり、障がい者とその関係者が会社を所有し、障がい者が中心に働く会社」、言い換えれば「障がい者の、障がい者による、障がい者のための会社」として、当社が生まれた経緯です。

小早川が不燃物処理施設の話を聞いて、そこから約1年で何とか会社の体をつくり、行政と委託契約を結んだつくし更生会は、1985（昭和60）年に、障がい者7名、臨時職員としての健常者4名の計11名で、資源回収センターの運転を開始します。その後、1995（平成7）年に現在の施設であるリサイクルプラザの運転を開始する頃には、障がい者は24名、健常者は8名と、設立時の約3倍の規模になっていました。

こうした設立の経緯から、つくし更生会は、法定雇用率（換算）が100%を超える時もあるほど、障がい者雇用率の高い会社です。なので、福祉のために会社を経営しているのではないかと勘違いされることがありますが、私たち自身は、福祉を行っているつもりは全くありません。

そもそも「福祉」という言葉は「公的扶助やサービスによる生活の安定、充足」を意味しますが、公的扶助も何もつくし更生会には行政の資本は全く入っていないのです。補助金や給付金をもらって運営しているわけではないし、行政出身の取締役がいたこともありません。当社はあくまでも「株式会社」として運営しており、サービスの提供先は行政ですが、あくまでも民間の会社です。

民間の株式会社であるということは、市場の競争に常にさらされていることを意味します。行政との間で締結する委託契約は、独占的なものでも排他的なものでもないので、不燃物処理施設（リサイクルプラザ）の運転・管理を行う日本全国の会社と常に競合しています。

競合他社を退けて委託契約を獲得するためには、何より、業務の質を高めなければなりません。

業務の質は、日本全国の不燃物処理施設の運転・管理を行う会社と比較することができます。他の会社が管理する施設のほうが設備・機械の寿命が長い、事故が少ないとなれば、相対的につくし更生会の評価は下がりますし、その逆であれば、つくし更生会の評価は上昇し、会社の価値も上がります。

障がい者雇用がつくし更生会の価値につながっているのは否定しませんが、会社の価値を上げて競争を生き残り、利益を上げていくためには、社員を採用し、教育し、営業や広報の活動を行わなければなりません。他の株式会社となんら変わりはありません。

いずれにせよ、毎年つくし更生会が問題なく委託契約を継続できているのは、行政がわが社の価値を認めてくださっているからだと思います。

あえて単年契約で受託する

ちなみに、つくし更生会はリサイクルプラザの委託契約の期間については、あえて単年契約でお願いしています。その理由の一つは、永年契約や複数年契約としてしまうと、業務への緊張感がなくなり、仕事の質が落ちるのではないかという懸念があるからです。毎年、契約の交渉をすることでお客様（行政）からの適正なチェックが入り、より正しい運転管理となり、それが結果として信用につながるはずです。

単年契約にこだわるのは、他の会社に対してアンフェアだからという理由もあります。私たちが永年契約を結んでしまうと、他の会社が参入するチャンスがなくなってしまいます。つくし更生会には、障がいがあるという理由だけで、正当なチャンスを得られなかった人たちがたくさんいます。それぞれの社員が、多かれ少なかれ、機会の不平等に対する苦しみを味わっています。

人も会社も同じことです。永年契約を締結すれば、つくし更生会の経営は安定するでしょう。しかしそれは他の会社のチャンスを奪うことになります。そうしたことはするべきではないと、つくし更生会では考えているのです。

このように「同業者のチャンスを奪いたくない」という考えそのものが、他の株式会社とつくし更生会との違いかもしれません。営利を目的とする株式会社と、非営利企業の要素を兼ね備えている組織は、確かに珍しいと言えるでしょう。

「株主配当なし」でも株をもち続けてもらえる会社に

つくし更生会が他の株式会社と異なる点は、もう一つあります。

通常、株式会社は株主に配当金を支払います。しかし、株式会社障がい者つくし更生会は、配当は全くしていません。

つくし更生会は、会社設立時の株式の募集に際して、設立の背景と趣旨を説明し、「一人がもつことができる株数を制限し、会社を支配できるような株主が生まれないようにする」「株を所有できるのは個人とする」など、いくつかの取り決めをつくっています。なので、創業から現在に至るまで、つくし更生会はあくまで個人の小株主が会社を所有するという形を保っています。

株式募集時には、すべての株主に「配当がない」ことも承知してもらっており、以降ずっと、配当なしで今日に至っています。

「何十年も無配当なのに、株主がずっと株式をもち続けているのはどうしてですか」と質問されることがありますが、ここも、通常の株式会社では考えにくいところでしょう。

もちろん株式は原則、所有者が自由に譲渡可能なものです。

つくし更生会の株式は非公開なので、譲渡の際には会社の承認が必要とはいえ、それでも、配当もない非上場株式をもち続けてもらうためにはどうすべきか。

そのためには株主の皆さんに、「つくし更生会の株式をもっていたい」「この会社の株をもっていてよかった」と思ってもらえるよう、会社の価値を高め、その上で、私たちの活動の価値を理解していただかなければなりません。

そのための大切な場が、株主総会です。

年一回の株主総会では、株主の方々に、会社の1年間の取り組みについて説明します。「こういう人たちが会社見学にいらっしゃいました」「こういう賞をもらいました」「今はこういう取り組みをしています」などのことを報告すると、多くの株主の皆さんは「まさか、こんな会社になるとは」と驚きをもって受け入れてくださいます。

最近ではメディアに取り上げられることも多くありますが、株主の方々がそれらの情報をすべて入手しているとは限りません。なので株主総会は、株主の方々に私たちの価値を知ってもらう大事な機会となっています。

創立から40年がたち、株主の顔ぶれも創業時から随分と変わりました。しかしこうした取り組みもあって、現在でも、私たちの会社の価値を理解してくれている人たちに株式を所有してもらうことができています。

株主には、創業メンバーであった小早川のご子息も含まれます。彼自身はつくし更生会の経営や業務にはいっさい参加していませんが、以前、「会社のことには口を出しませんが、誰かが横やりを入れたり、邪魔をするようなことがあれば言ってください。その時は応援します」と言ってくださいました。とてもうれしいお言葉でした。

PART 2

「道を示す立場の会社」になりたい

「奇跡の会社」にも訪れる「世代交代」

当社に何度も訪問してくださる専門家から、「つくし更生会は、どのように事業を承継してきたのですか」と聞かれることがあります。

私自身は、代表取締役ではなく専務取締役をしています。うちの会社は、障がい者が主役の会社ですから、基本的には、健常者が代表取締役になることはありません。ただ何度か代表が交代しているので、その経緯について素朴な興味をもつのでしょう。

会社は法で認められた「人」であり、会社の一生は人生に似ているところがたくさんありますが、人とは違い、お金がなくなって倒産したり、廃業したりしない限りは永遠に存続できます。とはいえ、その中身は「人」ですから、存続していくためには世代交代が必然となります。

創業者である小早川も、勇退する時期を迎えます。この時、小早川は80歳でした。法に則って株主総会を開き、小早川が引退、新たな代表取締役を決定しました。次の社長は、つくし更生会の創業時から関わっていた人で、会社への思いは大変に強いものがありましたが、経営の経験は全くありませんでした。世代交代の準備らしい準備もなく、代表取締役が交代したのです。

この頃、私は班長や安全性委員会委員長、総務課長などを兼務していたものの、まだ取締役ではありませんでした。対外的には経営陣とは言えないのですが、実際には、社内のすべての経営会議に参加していました。

私たちは、小早川の後を継いだ代表取締役を支えつつ、経営を進めていきました。ところが、人間関係から派生する大きな問題が噴出したり、経営陣も一枚岩になれなかったりと、次から次へと発生する問題への対応に追われることになります。そのうちに、会社はもうこれまでか……と、追い込まれるような事態になってしまいました。

その後、体調問題などから、代表取締役は2回交代します。いよいよ、さまざまな問題にしっかりした権限をもって対応する必要に迫られ、私と現社長の山北が、対外的にも経営陣に加わることになるのでした。

今でこそ、社長の山北、工場長の河津、専務取締役の私の3人体制で落ち着いていますが、ここに至るまでにはこのような紆余曲折があったのです。

「あなたがこの会社で偉くなることはないよ」

私がつくし更生会に入社したのは、会社の成り立ちに関わっていた父の希望によるものでした。

前述の通り、1993（平成5）年頃、小早川は新たに建設されることになったリサイクルプラザの運転・管理業務を受注したいと考えます。ところが、行政から「障がい者だけでは、運転・管理するのはむずかしいのではないか」という厳しい声が出てきます。そこで小早川は、「問題ありません。健常者を採用しますから」と即答したそうです。

この健常者が、私と現在の工場長である河津のことでした。この時まだ私たちは、つくし更生会に入るか入らないか、決めていたわけではありません。本人の意向も確認していないのに、むちゃくちゃな話だと思いますが、これが私の人生を変えるきっかけとなりました。

当時、私は東京でサラリーマンをしていましたが、ある時父が、「今の会社を辞めて、つくし更生会に入らないか？」と言ってきました。

「親父は一体何を言い出したんだろう？」

「なぜ俺がつくし更生会に行かなければならないんだろう？」

頭の中が疑問でいっぱいになりました。

当時のつくし更生会は、ないないづくしです。「自分が行ったところで、契約が取れるのかわからない」「給料もいくらもらえるかわからない」など、入社には不安もありました。

ただ結果として断らなかったのは、苦労して障がい者が働ける場（つくし更生会）をつくり上げようとしている創業者の小早川や、父の姿を学生時代から見ていたので、「せっかくつくった会社を他人に好き勝手にされるのはイヤだな」と感じたことが理由だったと思います。妻が理解してくれたことも、大きな後押しになりました。家族の理解がなければ、入社はむずかしかったかもしれません。

いずれにしても、こうしてつくし更生会に入社した私はまず、「ここは障がい者が主役の会社だから、あなたは縁の下の力持ちになってください。あなたがこの会社で偉くなることはありません」と言われます。

後に工場長になる河津にも聞いたところ、全く同じことを言われたそうです。私たちはそれを素直に受け入れました。

崖っぷちの状況で得られたこと

私が入社して以降のつくし更生会は、決して順風満帆だったわけではありません。入社早々に従業員の死亡事故がありましたし、長年にわたって、つくし更生会を執拗に攻撃する人の動きに巻き込まれたこともあります。

つくし更生会は、行政からの委託を受けて仕事をしており、それ以外に主だった収益はありません。

行政との契約が終われば、そこで露と消えてしまう会社です。

こういう会社にとって死亡事故や会社の風評を貶《おとし》めるような動きは、行政（お客様）の信頼を揺るがすものであり、まさに死活問題でした。

会社の存続に関わる事件が次々起こる中で、私は経営の立て直しに関わることになりました。当時の私は取締役でも何でもありません。その私がなぜ、とも思いましたが、要は、他に適任者がいなかったからでしょう。

とはいえ、経営について全くの素人である私には、会社を立て直すために何をどうしたらいいのか、皆目見当も付きません。目が行くのは「うちの会社にはあれが足りない、これができない」といったマイナス面ばかりです。結果、精神的に追い詰められる時期が長く続きました。

状況を少しでも打開するため、私は、つくし更生会の経営に関係がありそうなさまざまな情報を集めて勉強することにしました。経営書を読んだり、ワークショップやセミナーに出向いたり、あるいは他の企業の話を聞いたりなど、当時、思いつく限りのことをしたつもりです。

セミナーに行って抱いた違和感から気づきへ

　そうした情報収集の中の一つに、障がい者雇用に関するセミナーがありました。ありがたいことに、今ではさまざまなセミナーや講演会で障がい者雇用についてお話しする立場になりましたが、当時は一受講者です。

　その頃は、つくし更生会に入社して10年がたっていました。その10年間、毎日のように障がい者の皆と仕事をしてきたものの、つくし更生会以外の会社がどのように障がい者雇用をしているかは、ほとんど知りませんでした。

　そこで少しでも外部のことを知り、学べることがあれば、との思いで受けたセミナーだったのですが、いざ受けてみると、どうにも違和感が拭えません。

　なぜなら、主催者や講師が「障がいのある人を雇ってください」「障がい者を理解してください」などと言う、その言い方そのものが、障がい者を腫れ物扱いにしている、あるいは障がい者雇用を人ごとと考えているように感じてしまったからです。

　これは、参加者に対しても同様でした。そのセミナーには、100人以上の方々が参加していましたが、その人たちの様子を見たり、質疑応答を聞いたりしているうちに、「ああ、おそらくこの人たちは会社に言われて来ただけで、本当に真剣に、障がい者雇用のことなど考えてはいないのだろうな」と感じたのです。

障がい者雇用の現実を目の当たりにした思いでした。

結局、このセミナーで、私が得られたことはほとんどありませんでした。しかしその代わりに違和感、疑問を感じたことで、大事なことに気づくことができました。

自分たちが当たり前のように行っていることは、世間では決して当たり前ではないのだと。そして、そうそう世間にはない会社だからこその強みが、つくし更生会にはあると考えたのです。

道を示す立場の会社になる

私が当たり前のように考えていたことの一つが、わが社の業務の品質です。

当社はもともと「廃棄物処理施設の運転・管理」については、施設のメンテナンスを行う業者から、「とても大切に使っていますね」「他はもっと故障や事故が多いんですよ」なとど評価されていました。

それまで私自身は「へえ。そうなのだ」ということと、それは当然のことなのになと思っていましたが、考えてみれば、これは大きな強みであるということです。この業務の品質に加えて、「障がい者雇用でも全国トップクラスの会社」という看板が加われば、そこに必ず勝機がある——私は直感的にそう考えました。

もちろん、「廃棄物処理施設の運転・管理」と「障がい者雇用」の両方で全国トップクラスになるのは、そう簡単なことではありません。実現するには社員の成長が不可欠ですが、それにも相応の時間がかかります。

ただ、参加したセミナーの雰囲気を見る限り、幸か不幸か、こういう道があることに気づいている会社は全くと言っていいほどなさそうでした。仮に他の企業が先にこの方向性に着眼してスピード勝負をされていたら、つくし更生会に勝ち目はなかったことでしょう。

しかし、時間をかけることができるのであればいける。

障がい者中心の会社でも、当たり前のことを当たり前に、しっかりとやっていけば、全国でもトップクラスの廃棄物処理施設の運転・管理ができる。これを証明することができれば、つくし更生会は他の会社に「道を示す立場の会社」になれる。この時、私はそう確信したのです。

「道を示す立場の会社になる」。これは私が、会社を潰したくない一心でどうしたら会社が軌道に乗るのか、永続できるのかを、苦しみながらも考え出した構想でした。

私は会社に戻り、こうした自分の考えをさっそく、役員会で提案しました。しかし反応は薄く、当時の役員たちはもちろん社員たちも含めて、わかってくれる人は誰もいません。やっとの思いで見つけた道なので、何とかしたいとは思うものの正直「こんなところにも壁はあるのか」という思いでした。

当時はまだまだ若輩者だった私の意見を社内の目上の方々に伝え、理解してもらうのはなかなか大変な仕事だったのです。

しかし、私は決して一人ではありませんでした。役員会に参加していた、当時工場長に抜擢されたばかりの河津が「俺もね、あんたの言ってることがよくわからん。でも、あんたがそう言うのならそうなるんだろう。一緒にやるから、どうしたらよいか言ってくれ！」と言ってくれたのです。

その言葉は、取締役になって苦しんでいた私にとって、とても大きな救いでした。

仮に誰からの協力も得られないのであれば、すべてのことを一人でやるか、あるいは実行するのを諦めるかしかなかったでしょう。しかし、たった一人でも支えてくれる人がいるだけで、その労力は大きく軽減されますし、何より味方がいるという事実は、それだけで心強いものでした。

結果、つくし更生会の現場のことはできるだけ河津にお願いし、それ以外のことを私がやっていくという役割分担が確立し、今に至るまで、つくし更生会の歩みを進めていくことができています。

一人では成し遂げられないことができる、それが会社なのだと思います。

使命・目標とのギャップを埋める

「廃棄物処理施設の運転・管理と、障がい者雇用の両面で全国トップクラスになり、他に対して道を示す会社となること」という目標が決まった時、私たちは今一度、つくし更生会の現状と向き合う必要が出てきました。

もちろん当時も、ある程度の現状は把握していました。ただそれまでは、メンテナンス業者が、当社と他社を比較しての印象などを話してくれるのを待つだけでしたが、目標を明確にしてからは、こちらから積極的にヒアリングし、他の施設との比較を徹底的に行うようにしました。

私たちが管理しているような施設の全国の平均的な稼働年数などを、政府の統計資料で確認するようになったのもこの頃からです。他の施設より稼働年数が長ければ長いほど、私たちの運転・管理が優れていると証明できます。

このように、つくし更生会の現状を一つずつ確認していくと、現状でも他より十分優れているると胸を張れる部分もあれば、まだまだ足りない部分も見えてきます。

足りないもののうちの一つが、精神障がい者の雇用でした。２０００年代後半は、つくし更生会が雇用する障がい者は身体障がい者が中心で、精神障がい者を雇用した経験はありませんでした。

しかし、つくし更生会が会社としての使命を果たし、障がい者雇用において「道を示す立場の会社」になるには、精神障がい者の雇用は避けては通れない道でした。他に先駆けて精神障がい者を雇用し、会社として経験を積むことは必須だったのです。

初めて精神障がい者を雇用しようとした時には、社内で反発もありましたし、雇用した後にも、それまで経験していなかったことが次々と起こりました。

しかし結果として、この時の経験があったからこそ、現在も数名の精神障がい者を雇用し続けることができ、また、精神障がい者の雇用に関して外部の人から相談があった場合には、アドバイスや助言をすることができるようになったのです。

このように他に先立って精神障がい者を雇用する、という判断ができたのも、会社の目標を明確に定め、目標と現状のギャップを見つめ、そのギャップを埋めるように行動したからだと思います。

PART 3

「価値」が先、「利益」は後

中小企業の資源には限りがある

経営の専門家から、「つくし更生会は経営戦略がしっかりしている」と言われることがあります。

これは、つくし更生会が「廃棄物処理施設の運転・管理と障がい者雇用の両面で、全国トップクラスとなること」という目標を明確に掲げ、そのために行っているさまざまな活動を評価していただいてのことでしょう。

専門家によれば、企業経営には大きく分けて、「戦略を先に決めて組織づくりをする」「組織から逆算して戦略を決める」という2つの方法があるそうです。

「廃棄物処理施設の運転・管理」と「障がい者雇用」という、もともともっていた強みを戦略に取り入れたつくし更生会は、典型的な「組織から逆算して戦略を決める」会社と言えます。

つくし更生会のような小さな会社の場合、よさそうな戦略を決めても、それを実行できる組織や資源があるとは限らないからです。ですから「戦略を先に決めて組織づくりをする」のは、リソースのある大企業向きの経営法なのだと思います。人やお金のリソースがあれば、社会情勢や流行に応じてさまざまな戦略を立て、その戦略を実行するためのチームをその時どきでつくることもできるからです。

小さな会社の資源には限りがありますし、それを簡単に取り替えることもできません。その中で会社を立て直していくには、目の前にあるもの、自分たちの中にすでにあるものからスタートして戦略を考える以外にありません。当社の場合はそれが、廃棄物処理施設の運転・管理と、障がい者雇用でした。この両面で全国トップクラスになることが、つくし更生会の戦略だったのです。

ではつくし更生会は、この戦略で何を実現しようとしているのか。

つくし更生会が株式会社である以上、会社として利益を上げていかなければなりません。しかしその一方で、設立趣旨「『障がい者が自ら雇用の場を創造・開拓し以って、障がい者の自立更生を図る』（営利の追求を第一の目的としない株式会社）」とある通り、わが社は、営利の追求を第一の目的とはしていないのです。

利益を上げるのは当たり前のこと

私たちにとっての最優先は、つくし更生会という場を維持し、未来につなげていくことです。

「維持したい場」の内容は、社名の「更生」という言葉に込められています。重要なのは、社員たちが、「この会社に入ってから人生が変わった」と思えるような会社になることです。つくし更生会の「更生」という2文字には、甦る（よみがえる）という意味があります。入社して「甦ることができた」と体感できるような会社にしたいというのが、わが社の存在の第一の目的です。

会社を継続させる上で利益を出すことは必要条件ですが、私たちにとって利益は、十分条件ではありません。

名著『ビジョナリー・カンパニー』（ジム・コリンズ著　山岡洋一訳　日経BP社、1995年）でも「ORでなくAND」と表現しています。「利益か人か」ではなく「利益と人」が同時に並び立つことが本質です。

逆に言えば、どんなに未来に残したい場があるといっても、つくし更生会が株式会社である以上、利益がなければそれを維持することはできません。どんなに革新的で、社会のためになることをしている会社でも、赤字続きであれば評価されることはないでしょう。つくし更生会が万年赤字企業で、行政からレールを敷いてもらい、支援を受けているような会社だったら、誰も見向きもしないと思います。

先に、「営利企業と非営利企業の要素を兼ね備えていることが、つくし更生会の希少性であり価値」と書きましたが、会社としては、どれほど希少性があっても、生き残っていけないのであれば価値はないに等しいのです。

会社にとって「利益を上げる・追求する」のは、普通の人が社会のルールを守るのと同様に、至極当たり前のことです。ただ、利益を追求できる組織にした上で、あくまでそれを最優先にはしていないのが、つくし更生会なのです。

アメリカの衣料品会社パタゴニアの創業者のイヴォン・シュイナードは、自身の著書で、「最優先とはしないが、企業活動においては利益を追求する。ただし、成長及び拡大は当社の本質的価値に含まれない」と言っています。

この言葉は、裏を返せば、会社にとってより重要なのは、利益よりも「会社の価値」だと解釈することができるでしょう。

求められるのは「価値を高める経営」

これは、消費者の立場に立てばよくわかります。私たちは、何らかの価値を感じて商品やサービスを選びます。時に価格であったり、品質であったり、ブランドだったりしますが、少なくとも、その商品を売っている会社が他の会社よりも利益を多く上げているから、という理由で商品やサービスを選ぶことはありません。

顧客に選ばれるのが商品やサービスでなく会社である場合も同じです。あくまでも会社の価値が先にあり、会社が選んでもらえるから利益が生まれるのであって、逆ではありません。

価値が先、利益は後です。ともすれば、多くの企業がこのことを忘れてしまっているように思います。

こう考えれば、つくし更生会がお客様に選んでもらうためには、お客様に、他の会社にはない価値を感じていただかなければならない、ということになります。

ここでいう会社の価値とは、単に私たちが報酬に見合った仕事をしているという、いわゆる「貨幣価値」だけをいうのではありません。それはあくまで前提で、それ以外の要素、障がい者の「法定雇用率（換算）が１００％前後である」「不燃物処理施設の運転・管理のレベルが全国トップクラスである」「会社の在り方に関心をもつさまざまな人たちからの要望に応じて会社見学を受け入れている」などの「社会的価値」も含まれます。

こうした会社の価値があるからこそ、そこに利益が生まれてくるし、株主にも配当以外の形で満足を還元することができるわけです。つまり、会社が永続していく上で最も重要なのは、自社独自の価値を高めていくことにあるのです。

だからこそ「価値」が重要になる

つくし更生会の場合は特に、会社の価値を高めることが重要です。

私たちは行政との間で、リサイクルプラザの運営業務を随意契約を交わして受託しているからです。

ご存じない人に簡単に説明しておくと、行政からの委託契約は、入札契約と随意契約があります。入札契約とは、入札価格が一番低い会社が契約を勝ち取る最低価格落札方式が一般的ですが、総合評価落札方式といって、価格以外の要素を考慮する場合もあります。

最低価格落札方式では価格で、総合評価落札方式では評価点で事業者を決めますが、いずれであっても、入札者同士が競い合うことに変わりはありません。

一方、随意契約は、地方自治体などの発注機関が任意に、特定の事業者を選んで契約する契約形態です。

随意契約では、公平性担保のため、2つ以上の会社から見積もりを取る必要があるとされていますが、事業者同士が直接的に競争することはありません。そのため、官公庁が民間の会社を選択する方法の中でも例外的な方式とされています。

随意契約が例外的で、入札方式が原則とされている理由として、随意契約がもつ不透明さがあります。

というのも、随意契約は、発注機関の任意で事業者を決定できるため、契約を結ぶ基準が不明確になりやすいです。そのため、行政と事業者が癒着しやすく、不正の温床になりやすいという批判が根強くあります。

そこで、国は2006（平成18）年、「公共調達の適正化」ということで、行政の業務を受託する企業の精査に動きました。当時は、IT関連事業の多重委託や分割少額随意契約など、行政と事業者の契約についてさまざまな問題が噴出していたからです。

つくし更生会も、この「公共調達の適正化」の一環で、契約が適正かどうかの審査を受けることになりましたが、幸い、この時は契約そのものを見直す、ということにはなりませんでした。

しかし、これをきっかけに、行政側の審査や一般の市民の目が厳しくなっていくのは明らかでした。

全国で一番きれいな随意契約を

しかも、行政の担当者は定期的に変わっていきます。担当者の考えが変わることで契約がなくなる可能性は、つくし更生会のような会社には常につきまといます。

「公共調達の適正化」の時は、当時の行政側の担当者に、つくし更生会のことを高く評価してもらっていたこともあり、ことなきを得た部分が少なからずありましたが、行政の方々の向こう側には、市民の存在があります。市民の方々に悪評が立てば、行政の担当者がいくら私たちを高く評価してくれていても、かばいきれなくなるでしょう。

そこで、当時の行政の担当者とつくし更生会は、今後、行政の担当者が変わっても、あるいは市民の人から何を言われても大丈夫なようにしよう、と話し合ったのです。

その内容は、行政とつくし更生会は互いに「全国で一番きれいな随意契約を目指しましょう」というものでした。

可能な限り契約の透明性を確保し、つくし更生会が生み出す価値を見える化することで、行政が「こういう理由で私たちはつくし更生会と契約を結んでいます」と胸を張って言えるようにしようと考えたわけです。

きれいな随意契約というと、不正をしないとか、癒着しないといったことが第一に思い浮かぶかもしれません。ただ、それらのことは当たり前なので、それだけでは行政側が、他の会社ではなく、つくし更生会を選ぶ理由にはなりません。行政が「つくし更生会を選びたい」と考え、市民の方々にそのことを納得していただくためには、わが社が、他の会社では得られない、何らかの価値を提供するしかないのです。

つまり、全国で一番きれいな随意契約の根幹となるのは、つくし更生会の会社としての価値であり、この価値を高めていくことが、つくし更生会が行政から選ばれ続けていく上での至上命題となったわけです。

つくし更生会が提供できる価値とは

とはいえ、一言で「会社の価値」といっても、誰がどういったことに価値を感じるかはさまざまです。

価格が安い、というのは、どのような商品・サービスであっても、多くの人にとって価値のあることのように思えます。しかし一方で、「この商品やサービスでこの価格は不自然ではないか」「品質に不安がある」「安すぎて信用ならない」などの印象をもたれれば、価格が安いことが価値につながらないこともあります。

商品や製品の独自の機能やサービスで価値を高める、という考え方もあるでしょう。しかし、よかれと付加した機能やサービスでも、消費者側が「別にいらない」と思えば、価値にはなりません。

つまり、会社側が「これは価値がある」と思っていても、相手がそう思わなければ意味がないのです。

では、つくし更生会の場合はどうか。

まず、行政からの委託事業なので、独自の機能やサービスは付加のしようがありません。お客様に提供できるのは、価格と品質のみです。

ただ、価格、私たちの場合は委託料ですが、行政側が価格を最重要と見なしているのなら、随意契約ではなく入札という契約形式を選択しているはずです。であれば、求められているのは価格以外の価値、つまり「品質＋α」であり、それが「廃棄物処理施設の運転・管理と障がい者雇用の両面で、全国トップクラスとなること」だと私は考えているのです。

PART 4

「会社の価値」を高めるために取り組んでいること

ごみの選別を人の手で行うことで生まれる価値

では、会社の価値を高めるために、つくし更生会はどのようなことを行っているのか、述べていきたいと思います。

廃棄物処理施設の運転・管理の品質と、障がい者雇用の充実は、違うことのようで、実は一体のものです。障がい者を含めた社員全員がスキルを磨き、より気持ちよく、働きやすい環境をつくることが、廃棄物処理施設の運転・管理の品質の向上にそのままつながるからです。

プロローグで述べた通り、つくし更生会が行政の委託により運転・管理しているリサイクルプラザでは、春日市及び大野城市に居住する市民が出す資源ごみや不燃ごみの処理を行っています。

春日市と大野城市の人口（2024年）は合計で22万人弱、世帯数でいうと約9万5000世帯で、リサイクルプラザに運ばれる資源ごみや不燃ごみの量は、年間で約4300トンにも及びますが、つくし更生会は、もち込まれた資源ごみや不燃ごみを、手選別方式という方法で処理します。

手選別方式とは、もち込まれた資源ごみや不燃ごみに混ざった不純物の一つひとつを、人の手で選別していく方式です。手選別方式による処理は、機械で分けるのとは異なり、人の目と手で行えるので、きめ細かい選別が可能な一方、その処理を行う人たちの技能や精度によって、品質にばらつきが生まれるという欠点もあります。

例えば、資源として出されたペットボトルの中にペットボトルではないものが混じっていたら、それを除かなければなりません。中身が残っていれば、その内容物を捨てて空にする必要があります。

中身が残ったままだとそもそもリサイクルできないし、最終的に資源ではなくごみとして処理する場合も、衛生面で悪い菌や匂いが湧くなどの問題が出るからです。手選別処理では、これらすべてのことを人の手で行います。

不燃物の処理では、リチウム電池や中身の残ったガスボンベなどが混ざっていると、機械で圧縮した際に、爆発などの重大な事故が起きかねません。そこまでの重大な事故が起きなかったとしても、不純物の取り除きの処理が不十分だと、施設の機械を破損させたり、最終処分場に埋められるごみの体積が増えたりして、施設自体の寿命を縮めることにつながります。

こうして、人の手によって選別された資源ごみや不燃ごみのうち、資源となるものは資源を再利用する業者に引き渡し、資源とすることができない不燃ごみは、破砕機で粉々にしてから、リサイクルプラザに併設されている最終処分場、いわゆるごみの埋立地に埋められます。

つくし更生会の社員は、ごみの手選別だけに留まらず、ごみをもち込む市民への対応や破砕機などの施設の機械の運転や管理、さらにはごみの埋め立てに至るまで、リサイクルプラザ内の業務のほぼすべてを行っています。

つくし更生会では身体障がい者、知的障がい者に加え、精神障がい者、重度障がい者も働いていますが、業務において、健常者が手を貸さなければならない場面はほぼありません。

「人の気持ち・心」で仕事の質が決まる

「廃棄物処理施設の運転・管理」を全国トップクラスにするためには、こうした業務の質を高める必要があります。私たちが地道に、長い間努力してきたのもこの点でした。

ただ、業務の質の向上という点では、実は技術的なことを教える比重はそれほど大きくありません。

仕事を覚えるスピードは人によってさまざまですが、よほどのことがない限り、時間をかけさえすれば、仕事自体はできるようになることが多いからです。障がいの有無や、障がいの種類が関係することはありません。

では、仕事を精度高く行うために、より重要なことは何かと言えば、社員本人の仕事への姿勢や精神状態、あるいは人間関係などの「人の気持ち・心」の部分です。

障がいの有無にかかわらず、本人に学ぶ気がなければ、やればできるはずのこともできるようにならないし、仕事の質を高めることもできません。

こんな仕事をして何の意味があるのだろうと疑問をもったり、こんな仕事なんてしたくないと嫌気がさしていたりしたら、「やる気」を出すことなど不可能でしょう。

また、いくら仕事への姿勢が前向きでも、精神状態が不安定になると、仕事の精度は落ちてしまいます。

これは別に、精神に障がいのある人だけの話ではありません。彼女に振られた、家族と喧嘩したなど、プライベートで憂鬱になる出来事があると、それを仕事に引きずってしまうのは誰しもあることです。だからといって、業務の質を落としていいわけではないので、そこで会社としての対応が必要となります。

人間関係もまた、業務の質に影響が出る部分です。気に食わないと思っている人、わだかまりのある人、苦手と思っている人、信用できないと思っている人と一緒に仕事をするのは誰にとってもストレスであり、これは障がい者でも同じです。

たまに、障がい者同士であればお互い理解し合いやすいのでは、などと根拠なく言う人もいますが、障がい者も同じ人間です。合う・合わないは、障がい者同士だろうと、障がい者と健常者だろうと、健常者同士だろうと同じことです。

「人」の感情的な部分が仕事に与える影響は、決して無視できないどころか、経営において真っ先に取り組むべきものだと思います。だから、つくし更生会では一人ひとりの社員と向き合い、どうやったら仕事に前向きに取り組んでくれるか、どうやったらよい精神状態で働いてくれるか、どうやったら良好な人間関係をつくることができるかを懸命に考え、対応してきたのです。

障がい者を「特別扱い」しない

2024年（令和6）年4月には、障害者差別解消法によって「合理的配慮の提供（障がい者が社会の中で出会う困り事・障壁を取り除くための調整や変更）」が法的に義務化されました。つくし更生会は、障がい者法定雇用率が100％を超えることもある会社なので、「合理的配慮の提供はどのように行っているのですか」と聞かれることがあります。

しかし、私たちが「ノーマライゼーション」や「合理的配慮の提供」について、特別なことをしているかというと、実はそうでもありません。

設備の面でいうと、手すりを増やす、引き戸にする、各所の段差を解消する、廊下の幅を確保する、大きいサイズの電気スイッチを設置する、事務所受付を低めに設置する、車いす対応の机を設置する、などを行っていますが、いずれもごくごく一般的な内容と言えるでしょう。

つくし更生会では仕事をするにあたって、障がい者を特別扱いすることはありません。そもそも、健常者よりも障がい者の人数が多く、健常者が「健常者が障がい者に差別される会社だ」と笑って話ができる会社です。障がい者を全員特別扱いしていたら、会社自体が回らなくなってしまいます。

ただ私たちは、社員に成長してもらうために個別の工夫や働きやすい環境設定、良好な人間関係の構築などにずっと取り組んできており、それが企業としての実態と成果につながっているのです。それを知った見学者から「ノーマライゼーション」や「合理的配慮」などという言葉を使って、「感心した」と言われることがあります。その際、多くの立場の人たちは「言葉」を知っていても実態をつくることができず困っていたり、まるで独り歩きしている言葉を追いかけているように感じることがあります。

また一方で、残念ながら健常者の中には、障がいをもつ人たちのことを、どこか自分とは関係のない存在、全く違う人間であると考える人がいます。

しかし、健常者でも目が悪い人、耳が聞こえづらい人、手や足に慢性的な不調を抱えている人はたくさんいます。ちょっとしたことで精神的に不安定になりやすい人など、身体的・精神的に弱い部分は誰しもがもっています。若い頃はそんなことはなくても、人間、歳を取れば目が悪くなったり耳が遠くなったり、足腰が悪くなったりします。

障がい者は、それらのことが生活上著しく困難になった方々のことですが、どんな困難がどのレベルになると障がい者と呼ばれるかは、その時どきの時代背景や法律、さらには個々の医師の判断によっても変わってきます。その境目は曖昧で、実は健常者と障がい者を区別することは簡単ではありません。

これは会社の仕事でも同じことです。会社内で健常者が起こす問題と、障がい者が起こす問題の境目も曖昧なのです。

例えばつくし更生会でも、社員同士が険悪な雰囲気になっている原因を探ると、何のことはない、一方の思い込みだった、などという出来事があったりしますが、こういったことは健常者だけが働く会社でもよくあることでしょう。

これはトラブルや事件に限ったことではありません。仕事をしていてうれしいと思うこと、便利だと感じること、今よりもっと生産性を上げるための工夫や方法などについても、健常者だから当てはまる、障がい者だから当てはまらない、といったことは基本的にありません。障がい者中心の会社であっても健常者が中心の会社であっても、経営でぶつかる壁には、実は大きな違いはないのです。

ただ、障がい者は、健常者と比較すると弱い部分がはっきりしています。だからその分、問題が表面化しやすかったり、健常者が相手では気づけなかったようなことに気づかせてくれたりすることが多々あります。その結果、私たちのような平凡な経営者でも、通常は見落としがちな経営課題や人の問題に気づくことができ、そのたびに頭を悩ませながら、一つひとつ解決していくことができました。

つくし更生会は、障がい者が圧倒的なマジョリティ、健常者がマイノリティの会社だからこそ、いろいろなことに気づくことができました。そして今では、私たちが実践していることそのものが、健常者がほとんどの企業の方々にとっても、極めて普遍的で汎用性の高いことだと思えるようになっています。

他社と比べて寿命が長い施設の機械と最終処分場

こうした社員に対する基本的な姿勢が、つくし更生会の業務の品質に結びつき、当社の明確な強みになっていると思います。つくし更生会が管理するリサイクルプラザは、他の処理施設と比較して事故が少なく、施設の機械の維持状態のレベルが高く、施設自体の寿命も他より長いことがわかっています。施設の寿命の延命は、施設の修理や建て替えにかかる費用を抑えることになります。

これに加えて、つくし更生会が他よりも高く評価してもらえるのは、リサイクルプラザに併設されている最終処分場の汚染が極めて少ないというのも大きな理由だと思います。最終処分場というのは、要はごみの埋め立て地です。

この最終処分場も、つくし更生会が管理を行う施設の一部ですが、他の最終処分場と比較して特別面積が広いわけではないにもかかわらず、他よりも寿命が長く、土壌汚染や異臭などもほぼありません。

最終処分場が新たに必要となると、土地の買収や周辺住民への説明など、行政側にとって大きな負担にもなるので、寿命が長いことはとても重要なのです。

また、汚染のひどい最終処分場の場合、汚染を中和するために薬品を使ったりしますが、リサイクルプラザの最終処分場ではそういった薬品は使っていません。薬品が不要なほど、状態がよいわけです。

ごみの埋め立て地と聞くと、その上をカラスがたくさん飛ぶような光景をイメージする人がいるかもしれません。事実、他の自治体の最終処分場では、カラスの被害が深刻だったり、その対策として予算を組んだりしているところもありますが、当社が管理しているリサイクルプラザの最終処分場では、そういった害獣被害もありません。これも私たちが預かっている最終処分場の質が高い証拠です。

施設の機械や施設自体の寿命が長く、最終処分場の質も高い要因は、つくし更生会が質の高い仕事ができているという点につきます。

運ばれた資源や不燃ごみを手選別する過程で、精度高くこれらを分別し、液体や食品など中身が残ったままのものをそのままにせず、きれいにしてから処理をしているからです。

当たり前と言えば当たり前のことをやっているだけですが、それを、きちんとできている、その結果が施設の品質の高さとして、最終処分場に関する水質検査の数値に表れてきます。

リサイクルプラザの周辺は住宅街です。こうした当たり前のことができず、仕事の質が下がり、管理している処理施設に問題が起これば、近隣の住民からクレームが入ります。

そうなると、行政も黙ってはいられません。つくし更生会の将来に関わる問題になってしまいます。

ブランドも受託企業の重要な価値

一方、価格や品質、あるいは独自の機能やサービスとは異なるところに会社の価値が生まれることもあります。ブランドです。

私自身は、それほどブランドに関心があるわけではないので、女性がもっているようなハンドバッグや装飾品の違いはほとんどわかりません。しかし物によっては、信じられないほど高額なものがあることは知っています。

私にとってはほとんど差がないように見えるものに、なぜ驚くほど価格差があるかと言えば、ブランドに価値を感じている人が少なからずいるからです。ハンドバッグや装飾品だけでなく、食品や料理店、スポーツ用品やＡＶ機器など、世の中には数多くのブランドがあります。

「ブランド化する」ことは、それだけ多くの人に価値を認めてもらっていることの表れです。会社の価値を高めていく上では避けて通れないものですが、これは、私たちのような、行政からの委託業務を行う会社も例外ではありません。

会社のブランド価値が高まれば、「あの会社はいいですね」「つくし更生会はすごいですね」と言ってくれる人が増えます。その人たちが、そのイメージをいろいろな人にいろいろな場所で伝えてくれれば、随意契約を結ぶ際にも、行政側と、その周囲の納得性を高めることができます。

全国で一番きれいな随意契約を続けるためには、つくし更生会の会社の価値を高め、ブランディングをしていく必要があったのです。

つくし更生会のブランディングの核とは

つくし更生会のブランディングの核は、「廃棄物処理施設の運転・管理で全国トップクラスとなること」と「障がい者雇用」の両立です。この2つの柱を高いレベルで両立できれば、全国に例のない会社になれるはずです。

ただ、それができているかどうか、どのくらいのレベルでできているのかは、つくし更生会だけを見ていてもわかりません。

最終処分場の寿命が極めて長いことなどは、他との比較があって初めてわかることです。つくし更生会しか知らない行政の担当者に、当社のレベルが全国的に見て当たり前と思われてしまっては、価値を価値として認めてもらえません。認めてもらうには、認めてもらいたい相手にわかってもらえる形で、つくし更生会の価値を伝えなければなりません。

そこで私たちは、他の会社や地域の「廃棄物処理施設の運転・管理」のレベルを、施設に出入りしているメンテナンス業者にヒアリングしたり、政府の統計資料などを集めたりするなどして、情報をできる限り収集して比較検討するようにしています。これは「障がい者雇用」についても同様です。

２０１２年頃、私は、ベストセラーとなった書籍シリーズ『日本でいちばん大切にしたい会社』（あさ出版）の著者である、坂本光司先生にメールをしました。「ぜひ、当社の取り組みや社員の働く姿を見てください」とお声がけさせていただいたのです。

もともとの目的は、つくし更生会が他の会社と比べてどうなのか、ということを客観的に知りたかったからです。全国各地の、たくさんの企業を熟知されている坂本先生であれば、他社との比較が得られるだろうし、つくし更生会に足りないところ、至らないところも指摘してもらえるだろうと考えたからでした。

坂本先生はしばらく後に当社にお越しになり、私たちの苦労をねぎらい、当シリーズの『日本でいちばん大切にしたい会社４』で取り上げてくださいました。

実態が伴わなければ意味がない

つくし更生会が『日本でいちばん大切にしたい会社4』で紹介されたことは、私たちのブランディングにおいて、非常に大きな出来事でした。

それまでのつくし更生会は、あくまでも知る人ぞ知るという会社で、ごく稀に外部から講演などの依頼がある程度でした。しかし、『日本でいちばん大切にしたい会社4』に掲載されたのをきっかけに、テレビをはじめとするメディアに取り上げられる機会も増え、会社見学を希望される人の数も大きく増えました。

ブランディングにおいて人に知ってもらうことの重要性は十分にわかっていたのですが、なかなかそこまで手をつけられていませんでした。しかし、『日本でいちばん大切にしたい会社4』で紹介してもらったことで、多くの方々に、つくし更生会を認めていただけることになりました。坂本先生には、感謝しかありません。

とはいえ、いくらメディアで取り上げられ、会社見学の希望者が増えたとしても、実際に会社を見た見学者の方々に「言われているほどではないな」「思っていたのとは違うな」などと思われてしまっては、むしろ会社の価値は下がってしまっていたでしょう。また、がっかりとまではいかなくても、「想定通り」くらいに収まっていたら、「あの会社はいいですね」「あの会社を見に行ったほうがいいですよ」と、わざわざ他の人に伝えようともしないと思います。

つまり、見学者に「あの会社はすごかった」と実感してもらうためには、想像や期待を超える特徴をもっている必要があるのです。

坂本先生は、つくし更生会を「奇跡の会社」と表現してくださいました。その分、ずいぶんハードルが高くなっているようにも感じます。

しかしそれでも、会社見学に来た方々から「感動した」「こんな会社がもっと増えたらいいのに」「上司にも聞かせたい」などと多くの感想をいただき、中にはリピーターになる人までいることを考えると、わが社はそのハードルを曲がりなりにも、きちんと越えることができているということなのかもしれません。

前提だった「SDGs」「ダイバーシティ」「心理的安全性」

「企業の価値」という点では、時代の変化とともに、つくし更生会に新たな価値が付加されることもあります。

ただそれらの多くは、ずいぶん以前からつくし更生会が取り組んできたことで、改めて評価されるのはどこか面映ゆい気がします。

近年、経営のキーワードとして言われるようになった「SDGs」ですが、つくし更生会の「環境」と「障がい者」の取り組みは、「ＳＤＧｓ」関連の多くの達成目標が当てはまります。それぞれが高いレベルで評価されており、障がい者の高い雇用率と定着率につながる社員一人ひとりへの対応は、ＳＤＧｓの「誰一人取り残さない」というスローガンにも合致しています。

「ダイバーシティ」や「多様性」にしても、創業から現在まで、障がい者が中心になって会社の運営を行ってきたので、それらがなければ、つくし更生会の存在意味はありません。そうであって、当たり前なのです。

障がい者と健常者の賃金が同一であることから、つくし更生会の経営は「ソーシャルビジネス」の先駆けだ、という評価をいただくこともありますが、これも、「障がい者だからといって社会に甘えてはいけない」という、小早川をはじめとする創業メンバーの思いと行動があってのものです。

心理的安全性、理念経営、ディーセントワーク、ソーシャルビジネス、ノーマライゼーション、合理的配慮など、最近の企業価値をはかるキーワードはたくさんあり、これらの評価軸から「つくし更生会は時代の先を行く会社だ」などと言われたりもしますが、いずれも、当然のことと考えて実践してきただけのことでした。

私たちにとって重要なのは、多くの障がい者とともに日々の業務をこなし、改善を続けることです。私たちが「時代を先取る」ことができているのだとしたら、そうした毎日の仕事の中に、その要素がたまたま含まれていただけなのです。

経営のキーワードやトレンドを先取りできると、後追いでそれを行うよりも高い評価を得られる傾向があります。事実、つくし更生会に当てはまるキーワードが増えるたびに、外部の専門家や他社の経営者、行政の方々の評価は上がり、それがつくし更生会の会社としての価値の向上に寄与してくれています。

このことは、幸運だと思います。

ただ、会社の価値を高めるという意味では、これらはあくまでも、ボーナスだと思うべきです。つくし更生会が会社の価値を高める上での核が、「廃棄物処理施設の運転・管理で全国トップクラスとなること」と「障がい者雇用」の2つの柱であり、そこに向けて邁進することこそ会社の使命であることに変わりはありません。

PART 5

「コスト」と「投資」をどう考えるか

コストの要因はさまざま

会社が生き残り、つくし更生会の価値を示し続けるためには、利益を上げなければなりません。

利益とは、会社に入ってくる売上から、出て行くコスト（費用）を引いた残りです。だから会社が利益を上げるには、売上を上げ、コストを減らしていく必要があります。

ただ、つくし更生会の場合、収入のほとんどが行政からの委託料なので、売上が大きく変わることはありません。一方で、コストについては、私たちの努力によって下げられる余地があります。

「コストを下げる」と聞くと、人件費や経費の削減をイメージする人が多いと思いますが、実はコストは、金銭的なものだけを指すわけではありません。最終的に金銭に表れるとしても、その要因はさまざまです。

また、コストと一口にいっても、会社の経営においては、必要なものと不必要なものがあります。必要なコストまで削減してしまうと、会社の利益を上げるどころか、逆に下げることにもなってしまいます。

ですから利益を上げるためには、

〈利益 ＝ 売上 －（必要なコスト ＋ 不必要なコスト）〉

の算式の中の、「不必要なコスト」を低減しなければなりません。

会社における5つのコスト要因

一般にコストには、以下の5つの要因があるといわれています。

①金銭の要因

一つ目は金銭の要因で、人件費や経費など、一番わかりやすいコストです。金額が数字で可視化できるので、コストを削減するというと、ここを減らすことに気を取られがちです。しかし、そこにばかり気を取られると、会社にとって必要なコストまで削ってしまう恐れがあるので注意しなければなりません。

②時間の要因

最近は、録画したテレビ番組やインターネット上の動画を、倍速で見る人が増えているそうです。タイムパフォーマンスを重視してとのことですが、会社の業務も、同じことをするのであれば時間が短いほうがコストは低くなります。

今まで1時間かかっていたことが30分でできるようになれば、同じことを1時間やれば倍のことができるようになり、生産性の向上に直結します。

③労力の要因

肉体的な労力の要因です。直接的に体を使う仕事や、それに伴う疲労だけでなく、長時間労働が続いたり、休日が少なかったりする場合も、肉体的な疲労は大きくなります。肉体的な疲労が溜まれば、仕事でミスをしやすくなったり、体調を崩しやすくなったりするので、労力要因を疎かにすると、コストの増加が発生する可能性が高くなります。

④頭脳的な要因

頭脳的な要因とは、業務に必要な情報収集や、物事を判断する際の難易度や回数のことです。

専門的な業務を行う場合、その業務に必要な情報収集は頭脳的なコストとなります。また、上司や部門長は部下からさまざまなことを聞かれたり、相談されたりしますが、そうした相談の数が多ければ多いほど、内容が高度であればあるほど頭を使うことになるので、頭脳的なコストは上昇します。

頭を使うこと自体は大事ですが、よけいなことに使いすぎると思わぬミスを犯す確率が高くなるので、削減できるところは削減していかなければなりません。

⑤心理的な要因

心理的な要因とは、精神的なストレスや不安、プレッシャーなどに晒されている状態をいいます。

自分の仕事の目的がいまひとつ理解できない場合や、仕事そのものに納得がいかない場合、会社への不信やストレスが発生します。また、職場内の人間関係がうまくいかなかったり、プライベートでいざこざがあったりすると、精神的に集中できない状態となるので心理的なコストは上がり、業務を行うさまざまな場面で影響を及ぼします。

障がい者の場合、障がい特性によって、こうした心理的な要因によるコストが他の人より上昇しやすい人がいます。もちろん健常者も同じで、性格的に、他の人よりも心理的なコストがかかりやすい人がいます。

ただ、そういう人の心理的なコストは、ずっと高い状態で続くわけではありません。周囲の対応や本人の心持ちによって、引き下げることは可能です。

心理的な要因は他のすべてに影響する

以上の5つのコストのうち、どの要因を下げるのが最も効率がよいかと言えば、私たちは⑤の心理的な要因を引き下げるのが一番だと考えています。

なぜなら、心理的な要因によってかかるコストが下がれば、よけいなことを考えなくてすむ分、頭脳的な要因のコストが下がるからです。

リサイクルプラザの不燃物処理の方式は手選別なので、ベルトコンベアで流れてくる資源やごみがどういったものかを瞬時に判断しなければなりませんが、ストレスやプレッシャーなどがかかっていると、どうしても見落としなどのミスが生まれやすくなります。

また、精神的に何か気になることがあると気疲れしやすく、いつもと同じことをしていても肉体的な疲労が増えてしまいがちです。不安やストレスがない状態、つまり、心理的要因のコストが下がっている状態であれば、そうしたよけいな疲れも感じなくなるので、労力要因のコストも下がります。

リサイクルプラザでは大きな機械を扱うので、事故が起これば人の命に関わります。実際に過去に人命を失う大きな事故を経験し、会社の存亡に関わるところまでいったこともありました。

その反省を活かし、今ではほとんど労災を起こさない、業界でも稀有な会社となっています。その大きな理由は、心理的なコストを下げ、それに伴って頭脳要因や労力要因のコストを下げられているからではないかと思います。

そして、こうした頭脳的要因・労力要因のコストが下がれば、業務面でも余分な時間がかからなくなるので時間的要因のコストが下がり、それが金銭的なコストの削減につながってきます。このように、心理的な要因に起因するコストは、他の４つの要因のすべてに影響を及ぼすのです。

人はコストではないが人間関係はコスト要因

経営者や、外部の専門家の人たちと話をしている際に、「那波さんは会社経営をしていて、何を一番大事にしていますか?」と質問されることがあります。

私は、「人間関係」と答えます。つくし更生会の理念や目標・戦略は当然ですが、日々の実務面で大事にしているのは、職場の人間関係です。職場の人間関係は、⑤の心理的な要因と密接に関係しているからです。

職場内での人間関係がうまくいっていないと、仕事に集中できなかったり、やる気が起きなかったりします。嫌いな人、苦手な人がいると、職場内でのコミュニケーションもスムーズにいかなくなるでしょう。その結果、報告や連絡が滞って、重大な事故が起きでもしたら大変です。

職場の人間関係がぎくしゃくしていると、社員が離職する可能性も高くなります。退職者が出ると、新たに人を採用し、育成しなければなりませんが、それらにもコストがかかります。

そんなふうになる前に、会社として問題を解決できれば、社内でのトラブルは減ってきますし、仮にトラブルが起こっても大事に至ることはありません。大きなトラブルが発生すると、それを解決するためのコストが必要になります。が、職場の人間関係を日々大切にすることで、そのコストを抑えることができるのです。

つくし更生会にとって、人、つまり社員は、コストではありません。社員がいて初めて会社が回っていくわけですから当然です。

一方で、人間関係はコストとなり得るため、つくし更生会では、会社内の人間関係に常に気を配り、必要があれば、会社として介入をしているのです。

つくし更生会は「人」に投資する

削ってはいけないコスト、必要なコストもあります。

例えば社員の給与は、聖域とまでは言わなくとも、コスト削減という名目で削ってよいものではありません。会社の一存で給与を下げたりすれば、経済的なストレスや将来への不安により、社員の心理的なコストが急激に高くなってしまうからです。給与を下げたことによって、会社と労働者が司法の場で争う可能性すらあります。そうなれば、そこで発生する金銭、時間、労力、頭脳のコストは甚大なものとなり、目も当てられません。

削ってはいけないどころか、積極的にかけるべきコスト、プラスのコストとでも言うべきものもあります。設備投資などがこれに当たります。

つくし更生会でも投資は積極的に行っていますが、その主な投資先は、設備ではなく人です。

人、つまり社員を育てることが、私たちにとっての何よりの投資なのです。

社員に投資し、社員が成長していけば、同じ業務を行う場合、必要な時間が減って生産性が高まり、肉体的な負担や頭脳的な負担が小さくなっていきます。さまざまなことを学び知見を広げることによって、心理的によい影響も出ます。

つまり「社員の育成」は、5つのコスト要因すべてによい影響を及ぼすわけです。社員への投資は、業務品質の向上、ブランディング、そしてコスト削減に結びつく、最良の投資と言えると思います。

毎月1回の勉強会の講師は自分たちで行う

そのため、つくし更生会では、月1回、テーマごとに勉強会を行っています。講師を務めるのは外部の人ではなく、会社の中の「誰か」です。

外部の講師を招くことを、否定しているわけではありません。

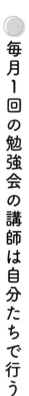

ただ、外部に頼むと当然、コストがかかります。自分たちが講師を務めても「労力」というコストがかかりますが、自分たちでやったほうが「社員を育てる」という目標に対する効果が大きいと判断したのです。

自分たちで勉強会をやってみると、講師を務める社員が、勉強した内容をうまくまとめられなかったり、思うように説明できなかったりします。しかしそれは、勉強会で講師を務めたからこそ経験できることです。うまくいかない経験をし、次回以降の勉強会でそれを乗り越えていく努力をすれば、場合によっては勉強会のテーマ以上に価値のある体験になるでしょう。

外部講師を招いてしまうと、こうしたプラスの経験を自ら捨てることになるし、楽をすることでもあります。そこで楽をする会社に、その会社特有の価値が生まれるのか、私には疑問です。

そもそもつくし更生会は、資源の分別から最終処分場の管理、果ては破砕機のハンマーの点検や交換まで、社内でできるリサイクルプラザに関する業務は何でも自分たちでやっています。勉強会だけそうしない理由はありません。

この月1回の勉強会はすでに3年以上続いていますが、今のところ、外部の講師を招くことなく、社員の皆が自分たちの考えで、独自で進めてくれています。

残業代も「投資」である

つくし更生会では勉強会以外にも、安全衛生委員会や社内イベントの企画など、社員同士でさまざまな会議を行っています。

勉強会も含めて、これらの会議は基本的に所定労働時間外や休日に行われるので、時間外手当や休日手当が発生します。

勉強会や会議の中には、その内容が時間外労働時に発生する時給分に見合わないレベルにあるな、と感じることがあります。参加する社員の中には、時給分を考えれば物足りない発言内容だな、と思う人がいたりするのも事実です。

それでも、そういった人たちにきちんと時間外手当を支払うのは、単につくし更生会の遵法意識が高いから、というだけではありません。

会議に参加して、オープンな雰囲気の中でみんなと一緒にいることで、前向きな思考になったり、チームの連帯を高めたりなど、さまざまなプラスの効果が生まれます。こうした効果は回数や経験を積み重ね、適切なフィードバックを与えていけば、さらに高まるでしょう。今は少し不満を感じても、将来的には、時間給に見合う実力につながる可能性は十分にあります。

会議のレベルが低い、参加者のレベルが低い、こんなことに時間外手当や休日手当を支払うのは無駄なのでいっそのこと辞めてしまう、というのも、それはそれで一つの経営判断だと思います。

しかし、どんな人にも、どんな物事にも、「初めて」があります。初めてのことを最初からうまくやれる人など、そうはいません。なので、コストや成果ばかりを気にしていたら、新しいことは何も始められなくなってしまいます。それでは、社員に成長の機会を提供できません。

そもそもつくし更生会の社員には、入社する前まで、本人が理解し納得できるような対応をしてもらえなかった人が少なくありません。

だから、つくし更生会では、会議や勉強会のために支払う時間外手当や休日手当は、削減すべきマイナスのコストではなく、投資と考えて継続しています。いずれ、それぞれが成長し、投資に見合う社員になってくれることでしょう。

PART 6

採用・不採用を問わず喜ばれるつくし更生会の面接

とことん納得できる面接を行う

会社を経営していく上で、避けて通れないのが求人活動です。

つくし更生会は、小規模で離職率が非常に低い、つまり定着率が高い会社ですが、それでも定年などで辞めていく人はゼロではないので、欠員が出た際には求人活動を行っています。

人手不足が問題となっている昨今ですが、つくし更生会では、創業から現在までの求人活動で「求人票を出しても人が来ない、困った」といった経験をしたことはありません。

つくし更生会が求人する場合、対象とするのは、ほぼ障がいをもつ人たちなので、求人で苦労しないということは、それだけ障がい者が働ける場所が少ないことを意味しています。最近では法定雇用率の引き上げや福祉事業所の増加もあって、入社希望者の数はやや減少傾向にあるものの、求人に困ることはありません。

ただ、応募者がたくさんいても採用できる人数には限りがあるので、誰を採用するかは大きな課題です。過去には、採用の際に妥協したことで、会社に合わない人を入れてしまい、ひどい目にあったこともありました。

そのため、現在のつくし更生会では、可能な限り納得できる採用面接を心がけています。

そのことが結果的に、プロローグでも少し触れた「採用・不採用を問わず喜ばれる採用面接」を生むことになりました。

採用面接は土台づくり

私たちが過去の手痛い採用活動の失敗によって学んだのは、次の2つのことでした。

「すでに在籍の社員と新しく入ってくる社員との間に、多少なりとも共通する部分がないと後々苦労する」

「採用した人とはその後、とことん関わっていく覚悟が必要である」

会社と社員は、ともに手を取り合って会社を運営していく仲間です。そして、会社を運営していくためには、会社と社員のみんなが同じ方向を向いていなければなりません。

そのために必要なのが、会社と社員全員に共通する部分、いわば土台となるものです。

具体的に言えば、会社の理念や使命です。

入社希望者には、当たり前のことですが、土台はまだありません。わかりそうなのは、「この人が将来的に、私たちと土台を共有できそうか、どうか」ということだけです。もちろん先のことは見通せませんが、少なくとも採用面接の時点で、できるだけ見極める必要があります。

そのために、つくし更生会では採用面接の際、入社希望者に私たちの使命（企業理念）をしっかりと説明します。使命に賛同できない、という人を採用することはありません。使命は、会社にとって一番の根っこになる部分です。これに賛同できない人が仮につくし更生会に入ったとしても、会社やすでに在籍の社員と土台を共有することなど、できるはずがありません。

入社希望者に私たちの使命を説明するのは、「土台をつくる」ためでもあります。採用面接に来るほとんどの人は、つくし更生会の使命についての知識がありません。だから入社していただけるかどうかはわからないけれど、応募者すべてに私たちの使命を説明し、入社した場合の土台づくりを始めているのです。

会社のことをできるだけ知ってもらう

つくし更生会の採用面接では、入社希望者たちすべてに、私たちの働く現場を見てもらうことにしています。

私たちの職場は、廃棄物処理施設です。決してきれいとは言えないところや、臭いが気になるところもあります。その場所を、採用面接という会社の入り口の段階で隠すことなく見てもらい、できるかぎり会社のことを知ってもらうことで、「採用のミスマッチ」を防ごうとしているのです。

それ以外の目的もあります。

入社希望者が、どのような姿勢で職場見学に臨んでいるかを注視するのです。どんな表情で現場を見ているか、現場の社員が業務内容の説明をしている時にどういった反応をするのか、などを見るのです。

見学後には、入社希望者に質問をし、感想を聞きます。

「私もあんなふうになりたいです」「自分でも、ああなれるのでしょうか？」と言う人もいれば、「あんなことまでしているんですね！」「皆さん、よく頑張っているんですね！」と驚く人もいます。

これらの感想から、その人がどこに着眼点を置いているかがわかります。一人ひとりの個性が出るポイントであり、この反応によって、私たちは就職希望者のことをより深く知ることができます。

「言葉にするのが苦手だから能力がない」とは限らない

入社希望者の中には、感想を聞いてもうまく表現できなかったり、いまひとつ反応の薄い人もいます。かと言って、口ごもってしまう人たちには、つくし更生会で働く適性がないのかと言えば、必ずしもそうではありません。

単に、感想を述べることに慣れていない、言葉にするのが苦手というだけで、トータルで見ると十分に能力がある、という人もたくさんいます。特に障がい者の場合は、それまでの人生で自信をもてなくなる経験をしていることが多く、そのために、うまく喋ることができない、ということが少なくありません。

せっかく相手のことを深く知ることができるチャンスなのに、そうした人たちの話を聞けないのは非常にもったいないことです。第一、うまく話せなかっただけで「この人には適性がない」と決めつけるのは、木を見て森を見ずと言わざるを得ません。

そこで私たちは、話すのが上手な人にも苦手な人にも、さまざまな意見や感想を言ってもらえるよう、質問の内容や流れを工夫することにしました。

工夫というのは、入社希望者に現場を見てもらったり、社員の話を聞いてもらった後の質問の順序です。

まずは、抽象的な質問をします。

「見てどうでしたか?」「聞いてどうでしたか?」場合によっては「現場の社員がこんなこと言いましたけど、それについてどうでしたか?」などと、曖昧で抽象的な質問をします。

この段階できちんと自分の感想を言える人であれば、その人がどこに着眼点を置いているかが、だいたいわかります。

いまひとつ反応がなかったり、うまく言葉を返せない人もいるので、今度は少し条件をつけたり、内容を細分化するなどして質問を繰り返します。

「見てどうでしたか?」と聞いて反応がないのであれば「社員たちの仕事ぶりを見て、どう思いましたか?」とか、「汚れたごみを見て、どう感じましたか?」「汚れた場所で作業をしているのを見て、どうでしたか?」といった具合です。

見学時の現場の説明をテーマにして、「説明の内容を聞いて、どうでしたか?」「説明している人の表情とか、説明の仕方を見て、どう感じましたか?」と聞く場合もあります。

範囲を狭めて質問を小分けにしていくと、「あぁ、それだったら、こう思います」「あそこについてはこう思いました」と、何かしらの反応が出てくることがほとんどです。

もっとも、ここで安心してしまうと相手の反応がまた曖昧になってしまうので、どうしたら相手の言葉をより引き出せるかは、常に考え続けなければなりません。

「初めから言えたらよかったね」

抽象的な質問から始めて、徐々に内容を細かくしていくと、最初は無反応だった人でも、いろいろなことを話してくれるようになります。その時私たちは、そういった人たちに必ず「初めから自分のことをそう言えたらよかったよね」「それが最初から言えたらわかりやすいよね」などと言うようにしています。

すると、「本当ですね」「確かにそうですね」といった反応を見せる人たちがたくさんいます。なぜ感想を言葉にできなかったのか、その理由にはたと気づいてくれるのです。

質問への反応が薄い人や言葉を返せない人たちは、受け答えがうまくできないせいで、周囲から、実際よりも能力を低く見られがちです。

つまり、障がいそのものよりも、受け答えのせいで損をしているわけです。障がい者本人がそのことに気づいておらず、面接などで失敗するのはすべて障がいのせいだ、と思い込んでいることも少なくありません。

仮にその人がつくし更生会に入社することになった場合、自分の思ったことをきちんと言葉にするというスキルは必ず必要になります。だから、「初めからそう言えればよかったね」などの言葉を就職希望者にかけるのは、今のうちに気づいてくれればという、会社にとっての実利的な理由もあるのです。

障がい名よりも生の声が大切

つくし更生会は妥協のない採用面接を行いますが、「点数づけ」はしません。重要なのは、とにかく相手のことを深く知ることです。知れば知るほど、私たちと一緒にやっていける人なのかどうか、という判断の精度が増すからです。この一点は、決して妥協できません。

相手のことを「知る」といっても、表面的な情報をいくら集めても意味はありません。ここでいう表面的な情報の中には、学歴や職歴の他に、「障がい名」も入ります。

障がい者雇用をしているのに「障がい名に意味がない」と言うと、意外そうな顔をされることがありますが、実際に私たちは、入社希望者の障がい名そのものには特に興味がないのです。

もちろん、面接の際に障がい名は確認しますが、その障がいの一般的な特徴を聞くことはありません。一般的な特徴を聞いても、その障がいのある本人の能力や力量のことを知ることができるわけではないからです。

私たちが障がいがある入社希望者に尋ねるのは、その障がいによってどんな症状が出るのか、これまでどんな困難があったか、働く上でどういった制限があるのか、などのことです。障がいの一般的な特徴より、実際に経験してきた生の声を聞かせてもらったほうが、その人のことをより深く知ることができるからです。

何より、自分の経験談を話してもらうことで、その人自身の個性や特徴が見えてきます。そこで知ることができた情報は、一緒に働くことになった場合、一般的な障がいの特徴を知ることの何倍も参考になります。

私たちは今では、いろいろな特性の人を採用しても何とかなる可能性が高くなりましたが、これもこうした経験の積み重ねの結果だと思います。

このような面接をするようになってから、面接の終わり際などに、就職希望者から「楽しかった」「言いやすかった」「あっという間に終わった」などと言ってもらえることが非常に多くなりました。

「あっという間」といっても、採用面接には一人最低30分、1時間以上かけることも珍しくありません。人によってはかなり負担がかかるようで、それまでの人生で使ったことのない頭の部分を刺激されて非常に疲れた、と言う人もいます。でもそれも含めて「楽しかった」と言う人が大半です。

一方、こうした長時間の面接を行っていると、私たちのほうも、どうしても就職希望者たちに情が湧いてきます。これまでの人生で、さまざまな苦労をしている人が多いからです。

しかし、つくし更生会はキャパの小さい会社なので、採用できる人数には限りがあります。ですから、よい採用をするために妥協せず、就職希望者のことをできる限り知ろうとしているのですが、一方では、選考から外れた人たちにとっても何かしらのプラスになれば、という思いがあります。

それもあって、私たちはできる限り就職希望者たちの話を聞くようにしているのです。そのことが結果として、採用・不採用の結果を問わず、面接に訪れた就職希望者の人たちに喜んでもらえているようです。

障がい者本人ですら気づいていないこと

障がい者の生の声を重視した採用面接を行っていると、時どき、障がい者本人ですら気づいていなかった事実にたどり着くことがあります。

以前、就職希望者の中に「私は人工肛門をつけているから、働けないんです」と言う人がいました。その人は、ある出来事があって、ある日突然障がい者になってしまった事実を受け止めるのに苦労している様子で、採用面接の際も「もう、これまでの仕事はできない」と何度も口にしていました。

しかし、私たちにとって重要なのは、その人が人工肛門をつけているかどうかではありません。人工肛門をつけるようになって以後、健常者と比較して「新たに何をやらなければならなくなったか」「能力に変化があるのか」ということです。

本人に聞くと「いや、能力に変化はないのですが、定期的に人工肛門に取り付けているものを交換しなければならないんです」と言います。

「付け替えにかかる時間はどれくらいですか？」と聞くと「○分はかかる」と言います。だいたい、たばこ休憩くらいの時間です。

「たばこ休憩と大して変わりませんね。誰でもそれくらいの休憩はとって職場を離れるので、別に気にするようなことじゃありませんよ」

こう言うと、その人は、一瞬間をおいて、つきものが取れたような顔で「本当ですね！」と言い、つくし更生会への求職希望を取り下げていきました。

私たちが採用面接の際に行う質問は、基本的に業務に関係があることばかりで、カウンセリングをしているわけではありません。しかし、この人は結果的に、私たちとのやり取りの中で自分の障がいを受け入れるようになり、工夫すればそれまでと同じように働けることに気がついたのです。

これはこれで、とてもうれしいことです。

余談ではありますが、つくし更生会の存在が一部の方々に知られるようになった今では、時折、障がいをもっていない人が、「ぜひ、つくし更生会の力になりたい」と、入社を希望してくることがあります。

そう言ってくださる人たちの気持ちはとてもうれしいのですが、私たちも、障がい者を雇用することで手一杯で、健常者の雇用は、よほどタイミングが合わないとむずかしいのが現状です。そうした申し出をお断りするのはとても残念で、申し訳ない気持ちになります。

そこで、もし、本書や『日本でいちばん大切にしたい会社』などを読んで、「つくし更生会の力になりたい」と思った人がいるのであれば、ぜひ、つくし更生会のような場を別の場所でつくってくだされればと思います。そのほうが、障がい者にとっても、日本全体にとっても、とてもいいことでしょう。そういった思いでつくられた場に、いつか私たちがうかがうことができれば、どれほどうれしいことでしょうか。

PART 7

人と向き合うから生産性が上がる

人の「プラスの行動」に注目する

以前、多くの企業を訪問研究してサポートしている何人かの専門家が当社を見学に来たことがあります。

その中の一人が、こう言ってくれました。

「その人の中にあるけれど、まだその人も気づいてない種に水を与えて芽吹くのを待ち、開花すればそれを一緒に喜ぶ――それが那波専務のやり方ですね。社員にとっては、どこまでも受け止めてくれるような安心感があると思います」

そんなふうに感じてくれる人もいるのだと思い、心が温かくなったことがあります。

その専門家がどんなところを見て、そう言ってくださったのかはわかりません。ただ、私は少なくとも、社員とのコミュニケーションを双方向で成立させ、相手とのやり取りがよい関係性につながるよう、常に心がけています。

そのために意識しているのが、働く人のプラスの行動に着目し、本人がその行動を増やしていけるようにフォローすることです。

人のマイナスの要素は、嫌でも目につきます。そうしたマイナスの要素を否定し、罰を与える会社が多いと思いますが、それでは課題が改善するどころか、逆にマイナスの要素が強くなったり、トラブルの要因になったりする可能性があります。

しかし、人のプラス面に着目し、その行動が増えるように支援すれば、本人も自分自身のマイナス要素を素直に受け止めることができ、プラスの要素が増加してきます。本人も成長を実感できるようになり、仕事への理解や働きぶりによい変化が現れるのです。

職場でトラブルが発生することもあります。その場合に大切なのは、感情ではなく行動（事実）に着目して解決することです。

以前、こんな出来事がありました。

「あの子はつまらん」

ある時、班長のAさんが、私のところへ来てこう言いました。

「あの子（Bさん）はつまらん」

聞いてみると、「同じ班のBさんに声かけなどをするのだが、全く反応がない」と言って、怒っているのです。

私は、Bさんが言語的な反応ができなかったか、あるいはAさんの会話のテンポに間に合わなかったかの、いずれかではないかと考えました。そうであれば、言葉による返事はなくとも、表情その他で反応している可能性があります。

そこで私はAさんに、「声かけをしても返事がないので、すぐに重ねて言葉をかけませんでしたか？」と聞いてみました。

「はい、もちろん」

「そうなんですね。Bさんはどういう表情でしたか？　Aさんが言ったことが聞こえたのか、聞こえていなかったのか。聞こえていて、言われた言葉の意味を理解していたのか、していないのか。返答がなければ、そこでBさんがどんな状況にあるのか、ちょっと観察してみてください」

Bさんは聞こえてはいたかもしれない。でも、そこでどうすればいいかがわからず、結果的に止まっている状態になっていただけかもしれない。Aさんが言ったことの意味は理解できたけれど、どう答えればいいのかがわからなかった可能性もあります。おかしな反応をすると怒られるから、黙ってしまったのかもしれません。

私は「反応がないという事実があったとしても、どこが原因で止まっていたのでしょうか？　その時のBさんの状態を汲み取ることが大切ですね」と、Aさんに話しました。

このように、誰かが誰かにアプローチし、それに対する反応（AさんとBさんの場合は無反応という反応）があるという「やり取り」の中で、ストレスが溜まり、それが爆発してトラブルが発生するのです。

私はこのようなトラブルを、「人間関係の構築（信用・信頼・承認）のチャンス」だと考えて、前向きに捉えています。職場でのトラブルは、「教育の材料」ですから、解決できれば当然、仕事の質も上がります。

感情を排除して話し合う

私たちは往々にして、社員の間でトラブルが発生した場合、どちらが正しく、どちらが間違っているかを判定しようとしがちです。

もちろん、裁定が必要な場合もあります。ただ、私は、トラブルを解決するための話し合いの場では「どちらがいいか・悪いか」の判断は不要と考えています。そうした判断をしてしまうと、そこには必ず、怒りや不満といった負の感情が生まれるからです。

大事なのはまず、先入観にとらわれず話し合いの目的を定めることです。「できなかったことができるようになりたい」「会社をよくしたい」などの目的と、会社の使命を共有して、ていねいに話し合うことが必要です。

私は、じっくりと話し合い、当事者たちに納得感を得てもらい、トラブルが前に進むチャンスに変わった経験を何度も繰り返してきました。この中で気づいたのが、感情を出してしまうと事態は逆に悪化する、ということです。

重要なのは、「受容」することです。当事者の言動を否定するような感覚はいったん外し、相手の表現をそのまま受け入れます。次に、なぜそうした言葉や行動になったのか、相手と一緒に探します。こうすることで、うまくいく確率が圧倒的に高くなるのです。

この場合、重要なのは、「当事者の意思を大切にする」ことです。

「このトラブルを解決するために話し合いたいのか？　話し合いたくないのか？」

「話し合いに私も参加してほしいのか？　してほしくないのか？」

などのことを、本人たちに確認します。

私にも話し合いに参加してほしいということであれば、一緒に取り組みますが、その際、本人たちに「よくなるためなら話し合いますよ。お互いの悪いところを言い合うだけなら参加しませんよ」と伝えています。

話し合いでは、行動（事実）に着目し、時系列で整理していきます。

AさんとBさんの間のトラブルを例にとって説明しましょう。

Aさんの言葉がけに、Bさんは無反応でした（Aさんにはそう見えました）。そのためAさんは「あの子（Bさん）はつまらん」と、不愉快な感情を抱きました。

この場合、まず感情を抜きにして、事実が生まれた理由（ある・なしを含めて）と、その理由を取り除くためにやらなければならないことを一緒に考えます。

ここで私が心がけているのは、当事者が使っている言葉を取り入れてやり取りすることです。本人たちの言葉を、私が使いやすいものに言い換えてしまうと、本人たちに違和感が生まれ、納得性を感じることができなくなってしまいます。

「自己理解」の積み重ねから「他者理解」へ

Bさんが無反応だった理由が特にない場合は、Bさんに「理由もなく無視した」という事実を自覚してもらわなければなりません。

Bさんとしては、「伝えたいことはあるが、説明できない」というケースも考えられます。この場合も、Bさんには「説明ができないという事実」を自覚してもらう必要があります。理由を自覚できたら、次に本人の意思を確認していきます。これは社員の自発性を促すためにも、多少時間がかかっても必要なところです。

「理由がない場合」は、「どうしてそうなったのか知りたくありませんか？」と尋ねます。

「伝えたいことがあるが説明できない場合」は、「説明できるようになりたいと思いませんか？」と尋ねます。

「知りたい」「思う」と答えてくれれば、それが意思確認になります。

社員に「知りたい」「できるようになりたい」という思いが生まれれば、やらされている感覚は生じません。

次に「理由がある場合」ですが、Bさんが無反応だった理由としては、「そもそも聞こえていなかった」「聞こえていたが、言われたことが理解できなかった」「返答するのが面倒だった」などのことが考えられます。

聞こえていなかった場合は、Aさんはもう少し大きな声で声掛けをすればよい、ということで問題は解決します。

しかし「返答するのが面倒だった」だった場合、例えば、次のような問いかけをしていきます。

「あなたは会社に何をしに来ているのか、改めて考えてみてください」

「聞こえているのに返事をしないという仕事の仕方で、お客様から『ありがとう』と言われるような業務が成り立つでしょうか？」

こんな言い方をすれば、多くの社員は納得してくれます。このように、発生したトラブルを「学び」のチャンスに変えることができれば、本人も成長していけるでしょう。

この話し合いの場では、Bさんとやり取りしている間、AさんにはBさんに起こる変化を見てもらいます。逆にAさんとやり取りしている時には、Bさんに、Aさんに起こる変化を見てもらいます。

すると双方とも次第に、自分の状況が客観的にわかるようになり、徐々に相手の事情もわかるようになってきます。自己理解の積み重ねが、他者理解につながってくるのです。

伝えるべきことは「誰であっても」伝える

トラブルはいろいろです。以前、社員のCさんが、会社の事務所に、すごい剣幕で怒鳴り込んできたこともあります。

怒鳴り込んできた、といっても、Cさんは耳が聞こえず、言葉が話せない、聴覚障がいの社員だったので、実際には、ものすごい怒りの表情と激しい手話を使って、会社の事務方相手に詰め寄ってきた、というのが正しい言い方です。

原因は、Cさんの有給休暇のことでした。年次有給休暇の日数が間違っているのではないかと思い、担当者にクレームを入れに来たのです。

私と担当者は、Cさんの怒りに満ちた視線を感じながら、改めて有給の日数を確認しました。しかし、どう計算し直してみても、間違った部分は見つかりません。Cさんの勘違いだったのです。

筆記と手話で有給の計算が正しかったことを説明すると、Cさんも理解し、気がすんだようで、そのまま何事もなかったかのように帰ろうとしました。

私はそこで彼を引き留めました。

「Cさん、私たちに、何か言うことがあるのではありませんか」

人に怒りを向けられて、気持ちのいい人はいません。自分に非があるとわかっている場合でも、平静ではいられなくなります。まして、自分たちに非がないにもかかわらず激しい感情をぶつけられれば、非常に不快な思いをすることになります。

だから私はCさんを引き留め、「もし今後似たようなことがあっても、その状況に適切な表現方法を学んでほしい」ということをしっかりと伝えたわけです。

本来は冷静に話し合えばすむ話

まるで、子どものしつけのような話で、これだけだと障がい者全体によくないイメージがつきかねないので、補足しておきます。

Cさんはもともと、非常に能力のある人でした。頭もよく仕事もきちんとできる人で、つくし更生会を退職後は、ある障がい者団体のトップを務めています。

ただ、つくし更生会に入る前までの彼は、障がいのために、周りが能力をなかなか認めてくれない、自分はもっと高いレベルの仕事ができるのにそれをさせてくれないという不満を、常に溜めていました。つくし更生会に来る前の職場では、差別的な待遇を受けてきたことで大きな不満を抱え、他の社員と衝突することも多かったようです。

そんなCさんの過去には、私も憤りを感じます。しかし、そういった背景があるからといって、周りに対して高圧的な態度を取っていいわけがありません。

仮に有給の計算が間違っていたとしても、いきなり怒る必要はないのです。「有給の計算が違っていると思うのですが、どうですか」と普通に言ってくれれば、担当者もビクビクしながら有給休暇の再計算をせずにすみました。

だから、「何か疑問がある時は、もう少していねいに、冷静に問い合わせるように」と、Cさんに伝えたわけです。

人によっては、相手から強く言われると、そのこと自体に疲弊し、その状態を早く終わらせたいばかりに、自分に非がなくても口をつぐんでしまうこともあるでしょう。しかし、それでは次にまた同じことが起こります。すると担当者は、同じようにストレスを感じてしまいます。何より、そうした感情的な振る舞いは、本人に能力があっても周りから否定されてしまう要因になるでしょう。これは組織の生産性という観点から見ても、大きな無駄です。

だからこそ、今回のようなことが起こった場合は、逃げずに、伝えるべきことをきちんとわかりやすく伝える必要があるのです。

この時、Cさんは自分の言動を反省し、以後、私たちや他の社員に怒ったりすることはなくなりました。

この出来事の後、Cさんが以前に勤めていた職場での様子を知る人と話をする機会がありました。その人は、どこで働き始めてもすぐに辞めてしまうCさんが、つくし更生会では長く勤めていることを不思議に思い、何かトラブルを起こしてはいないかと心配していました。しかし、私が「特に問題になることもなく、元気に働いていますよ」と答えると、驚いたような表情を浮かべていました。

知らず知らずのうちにこぼれ落ちてしまうもの

Cさんのケースは絵に描いたような「話せばわかる」の事例で、これは障がい者だろうと健常者だろうと変わらないことだと思います。

ただ、その一方で、障がい者であるがゆえに、基本的なソーシャルスキルなどを含めて「伝えられていないこと」が、健常者より多いのではないか、という気もします。

先ほど「子どものしつけのような話」という言い方をしました。

もちろん私は、障がいがある子の親御さんたちのしつけがなってないなどとは露ほどにも思っていません。私自身、障がいのある子の親御さんとのお付き合いが多くありますが、皆さん、決して、子どものしつけをないがしろにするような人たちではありません。

しかしその一方で、障がいがあるお子さんが生まれたことを思い悩んだり、どう受け止めればよいか迷ったりする方々もいます。また、人の親であれば、「子どもに伝えたいこと」が多かれ少なかれあると思いますが、子どもに障がいがあるために、それがなかなか伝えられないことに歯がゆい思いをしている人もいます。

そういった心労が積み重なる中で、一般的な親子関係であれば当たり前のように子どもに伝えているようなことが、障がい者の場合は伝えられていない、ということがあるのかもしれません。

人は、家庭だけでなく、学校や職場などのさまざまな環境の中で学び、成長していくので、親御さんだけにその責任を押しつけることはできないでしょう。しかし、障がい者を取り巻く環境の中に、「伝えるべきこと」を適切に伝える人がいなければ、障がい者本人は正しい理解や体験、学ぶ機会を得ることはできません。

その結果、私は、いろいろな場面でのソーシャルスキルを学べずに、年齢を重ねているだけの人を何人も見てきました。

実際、Cさんの場合も、本人に合った、理解しやすい方法で学べる環境がなかった側面があります。もし、過去に正しく学べる機会があったなら、私たちがその役目を負う必要はなかったかもしれません。

使命があるから「伝えるべきこと」を伝える

いずれにしても、相手が障がい者であれ健常者であれ、態度や行動を改めてもらうよう注意するのは、とても勇気のいることだと思います。注意できたとしても、相手がそれを聞き入れてくれないかもしれません。

上司から部下に言うのは簡単ではないか、と思う人もいるでしょうが、実際にはそうでもありません。特に、最近ではちょっとしたことでもパワハラと見なされるようになったため、やはり言いづらいという場面が増えているようです。

しかし、つくし更生会では、仮に相手がその瞬間は不快に感じたとしても、「伝えたいこと」はちゃんと伝えます。しっかりと伝えることが、つくし更生会の使命（企業理念）に通じているからです。

つくし更生会の使命とは、「障がいがあっても、物心両面の環境が整えば、一人前の仕事ができる。障がい者と健常者は一体となれる。それを証明し伝えること」です。「理念」ではなく「使命」としたのは、「理念として掲げているだけでは意味がない。掲げた以上は必ずやる。そのためには、理念ではなく、使命とする必要がある」という、創業者・小早川の意向によるものでした。

障がい者を特別扱いし、障がい者だから仕方がないと業務の質の向上を諦めていたら、一人前の仕事などできるようになるわけがありません。また、健常者と障がい者が何かを言い合うのをためらっていては、「障がい者と健常者は一体となれる」ことを証明し伝えることも不可能です。

つくし更生会の使命は、小早川が勇退後、皆で同じ方向に進むための旗や軸、芯をもつ必要があったことから考えたものです。私たちはその使命を根拠に、先輩・後輩、障がいの有無に関係なく、よりいい会社にするために行動しているから、「伝えるべきこと」は躊躇なく伝えられるようになっているのでしょう。

大切なのは、使命に照らして正しいと考えられる行動を、積み重ねていくことだと考えています。

人間関係の構築は、一日にしてならず

トラブルは、マイナスのことと受け止められがちです。しかしこのように、解決・改善に向けて話し合い、皆が納得することができれば、とても大きなプラスが得られます。人間関係の構築に必要な「信用」「信頼」「承認」のすべてを得ることができるチャンスになるからです。

手間は手間ですが、とても大切な手間で、時間をかける価値は大いにあります。日々、何らかのトラブルは発生します。しかしそれらを皆で一緒に「解決した」という経験が、社員のよりよい関係性をつくっていくのだと思います。

つくし更生会では、トラブル解決に、こんな「成果・効果」を実感しています。

- 自分の作業の目的を理解することによる「仕事のパフォーマンス向上」
- 失敗しても何とかなったという経験を積み重ねることによる「安心感」
- 意欲、責任感の向上による「自発性」

●仕事振り、素振りのよい変化
●生産性の向上

ともに失敗をして、悩んで、衝突して、工夫して、改善して、成長して、納得して、喜びをわかち合って実感を得ること、すべてが社員の成長にプラスの効果をもたらすのです。

PART 8

「教え方」で
すべてが変わる

「できない」には背景、事情、理由がある

私が経営に携わるようになった当時も、つくし更生会の社員の80％以上が障がいがありました。

「社員たちに堂々と、自信をもって仕事をしてもらうには、どうしたらいいだろう」

「お客様や社会から必要とされるにはどうしたらいいだろう」

あれこれと考え込んだことを覚えています。

どこの会社でも同じでしょうが、つくし更生会には、見習うべき人や苦労を乗り越えてきた人がいる一方、仕事を理解することが苦手な人、仕事をする上で必要な情報や知識をもっていない人、必要な勉強を自らしない人、自分勝手な言動をする人がいます。

当時の私はそうした人たちを、「なぜこんなこともわからないのだ」「なぜ向上心をもち、自ら学ぼうとしないのだ」「なぜ責任から逃げて、こちらに任せてばかりなのだ」と批判し、マイナス思考に支配され、精神的にも追い込まれていました。

しかしある時、それらのマイナスの要素は事実としていったん受け入れ、「なぜ、そうなったのだろう？」と考えてみなければならないことに気がつきました。その結果、それぞれの人に、それ相応の背景、事情、理由があることに思い至ったのです。

学ぶ機会や体験がなかった。体験してもそれをどう解釈し、理解すればいいのかを教えてもらっていなかった。力量に応じたわかりやすい指導を受けていなかった。情報をどの場面でどのように表現すればよいか学べていなかった。誤った学習の結果、間違った捉え方になっていた。いじめや差別など理不尽な行為を受けたことがあり、それらが二次的障がいにさえなるほどの影響を及ぼしていた……。

社員たちは大人になる過程で多くの問題を経験しており、素直に成長できる環境にはなかったのです。できないこと、苦手なことがあっても当然でした。私も、そのような環境であれば、おそらく同じようになっていたはずです。

私は社員の仕事に不満を感じ、心の中で彼らを責めましたが、問題は、私の理解力、汲み取る力、想像力、勉強、説明力の足らなさにありました。要は力量不足だったのです。

それを他責にしてしまっていたことを猛省し、それ以降は努力の方向を転換し、考え方や関わり方を組み立て直して現在に至ります。

たくさんの見学者に来てもらえるようになった今でも、つくし更生会には苦手なことが少なからずある社員がたくさんいます。それでも、その人の力量に合った分量を、わかりやすい方法で説明すれば、ほとんどの人はそれを理解し、成長していってくれます。

そしてこの時に何より大切なのは、説明する側が、物事を正しく理解し、その人に適切に伝える力と自覚をもつことだと考えています。

処理できる情報量を考える

以前、ある福祉事業所の人が当社に見学に来ました。その際に、事業所の運営についていろいろと相談され、後日改めて、私が先方にうかがうことにしました。

訪問してみると、その事業所が行っている作業には、利用者（障がい者）が紙袋にプラスチックの取っ手をつける工程がありました。

つけ方には決まりがあって、「上側がつるつる、下側がざらざら」になるようにしなければなりません。スタッフは「上側がつるつる､下側がざらざらになるようにつけるのよ」と何度も教えていました。ていねいに教えていくことで、少しずつではあるものの、失敗が減ってきているというお話でした。

見学後、スタッフとお話をする機会がありました。

その際に私は、「どうして、『上側がつるつる』と『下側がざらざら』という2つの情報を、いっぺんに利用者さん（障がい者）に渡すのですか？」と質問しました。

「上側がつるつるの場合、必ず下側がざらざら」なのであれば、「上側がつるつる」だけを伝えればいいのではないかと思ったからです。

「そのことに気づきませんでした！」と支援員も驚き、「その説明のほうが、断然成功する確率が高くなりますね」と納得していました。

人はそれぞれ一度に処理できる情報量が異なります。2つの情報をもらったほうがうまくできるのであれば、今まで通りでいいでしょう。ただ中には、2つの情報をうまく処理できない障がい者もいます。

その場合、その人は混乱してしまい、生産性が下がります。すると周囲は「この人はできない人」と判断してしまい、その事情を汲み取ることは困難となってしまいます。

熱心で真面目な支援員ほど陥りやすいのですが、ていねいに教えようと思うあまり、ついつい伝える情報を増やしてしまうことがあります。

たくさんの情報を細やかに与えたほうが親切だと考えて、受け手の処理できる限界を超えた量を渡してしまうと、相手は混乱し、正しい処理が行えなくなってしまいます。

こうしたことのないように、つくし更生会では、仕事の教え方も含めて、社員が「この方法を選択すれば、これくらいできる」「このような環境設定をすれば、これくらい理解し成長できる」など、見本となる実態をつくるようにしています。

その実態を見てもらい、「どんな工夫をした結果、こうなったのか」をわかりやすく説明すれば、障がい者雇用をしたことがない企業の人たちにも伝わりやすくなります。

そしてそれが、社員が自分自身の可能性を感じ、自己肯定感が高まることにもつながっていくはずです。

これは別に障がい者だけの話ではなく、違う立場の人に何かを伝える場合も同じことでしょう。相手の様子を見て説明の仕方を変えたり、一人ひとりの個性に合わせてコミュニケーションを取ることは、どんなシチュエーションでも重要なことだと思います。

ていねいなだけでは足りない

人に何かを教える場合、「細やかさ」はとても大切です。ただその細やかさは、「あれも、これも」ではなく、「必要なことを、必要なだけ、必要な時に」（適時適切）という視点に立ったものでなければなりません。

「何を、どれだけ、いつ教えるか」を細やかに考えるのです。

私には、教え方に対するこだわりがあります。なぜなら、教え方が受け手に合わないと間違いが多くなり、その人は結果的に「生産性が悪い」というレッテルを貼られてしまうからです。それで責められたり、馬鹿にされたり、いじめられたりするなど、つらい経験をすることもあります。

教えた側は、その原因が自分にあるとは気づかず、一生懸命に教えたつもりでいます。「できない」というレッテルは、教える側がつくり出している場合もあるのです。

教えるのが上手な人も下手な人もいますが、教えられる側が、教え方の下手な人のせいで困難な立場に置かれてしまうようなことは避けなければなりません。

私はこのことを、教える側に立った経験によって気づきました。今では、人としてとても大切なことだと考えているので、折に触れて皆さんに説明しながら、自分自身にも常に言い聞かせ、一緒に学ぶ感覚で取り組んでいます。

つくし更生会を訪れた見学者の中には、こんな感想を話してくれる人がいます。

「障がい者ができるはずがないと、これまでどうして思っていたのだろう」

それまでの固定観念を覆してくれたのであれば、すばらしいことだと思います。

そういう人に、私は次の質問を投げかけることがあります。

「相手ができる可能性があると思っている人が教える場合と、できないだろうと思っている人が教える場合では、どちらができる可能性が高まると思いますか？」

ほとんどの人が「できる可能性があると思った人」のほうと答えます。

次に、

「では、できる可能性があると思って教えるとします。その上で、アプローチが上手な人が関わるのと、アプローチが下手な人が関わるのとでは、どちらができる可能性が高まるでしょうか?」

これも当然ながら、「アプローチが上手な人」という答えが返ってきます。

そこで、ほとんどの人が、教える対象、福祉関係であれば利用者が、教員であれば生徒が、親であれば子どもが、会社の上司であれば部下がうまくできないのは、受け手にではなく、自分に問題があるのだと気づいてくれます。まず、自分の先入観と伝え方(アプローチ)を工夫する必要があることを理解してくれるのです。

こういう話をした結果、それまで人ごととして捉えていたことを自分ごととして受け止め、他責にしていたことを自責だったと感じるようになった人がたくさんいました。

タイミングを見て伝える

もし「相手に伝わらないな」と思った場合は、「自分の説明が、その人に合っていたのか」「自分が言いやすいように説明していなかったか」を自分に問いかけ、アプローチ方法を変えてみればいいのだと思います。

つくし更生会のような会社の場合、社員のパフォーマンスの質が低ければお客様から選ばれず、お給料ももらえなくなってしまいます。最終的には会社が潰れます。会社が倒産すると、障がい者の自己実現の場所がなくなるので、どのように工夫して伝えるかは切実なテーマです。

私が伝えてもわかりにくければ工場長が伝える、それでもダメなら社長が伝えるというように、伝える側のバリエーションも大切でしょう。

ちなみに、最も効果的に伝える方法は、タイミングを見計らうことです。相手が「聞きたい・知りたい」と思っているタイミングで、その「聞きたい・知りたい」ことを伝えるのです。「聞きたい・知りたい」と思ったことに関する情報は、本人の中にすっと入っていきますし、そこに納得感も生まれます。

つくし更生会はそのタイミングをとても大切にしているので、時間はかかるし、周りから見ると、もどかしく感じることも多いかもしれません。

もちろん、タイミングが来るのを待っているだけではありません。本人の仕事体験などの段階を踏み、場合によっては社長や工場長、班長など周りの協力も得ながら、自分の意志で「聞きたい・知りたい」と思える流れをつくっていくこともあります。

いずれにしても、相手が「水が飲みたい」と思ったタイミングで水を差し出す、というポリシーは変わりません。

これが多くの見学者から「おたくの社員は、やらされているように見えない」「とても活き活きと働いていますね」などと言われることにつながっているのだと思います。

私は、その人が成功する確率を上げ、成功体験を重ねることで、社会の人から認められるポイントを増やしていくことが教育だと考えています。だからこそ、教育に手間暇を惜しんではいられないのです。

「助け合い、補い合う」が基本だが

私たちの会社では、担当班への所属や配置は形式上ありますが、配置された担当業務以外はやらない、ということはありません。他の班に応援に行くことは、日常茶飯事です。つくし更生会の場合、それまでできていたことが、体調の変化などで、だんだんとできなくなってくる人がいます。昨日まではできていたけれど体調の関係で今日はできない、朝はできたが午後からはできなくなった、などというケースもあります。

このように、ある班に急に欠員が出た場合は、別の班から応援に行ってもらいます。入社して長年勤務したベテランだと、さまざまな仕事をこなすことができるので、業務を遅滞なく進めていくことができます。

互いを補い合いながら、助け合って運営していく。これが、つくし更生会の基本的な考え方です。

一方で、中には特定の業務だけを担当している人もいます。例えばDさんは、「ビン・缶」と「その他」を仕分ける仕事の専属です。

大きなベルトコンベアから流れてくる廃棄物を、長い棒を使ってリズミカルに仕分けていく彼の仕事ぶりは、まさに職人技。この作業はすべての処理の入り口で、とても重要なポイントです。見学に来た人たちは、彼の棒さばきを見て「障がいがある人には見えない動き方をしている」と口々に言います。

Dさんの場合は、「助け合い、補い合って仕事をする」という当社の考え方と違った働き方になっているわけですが、彼が一つの仕事だけを担当しているのは、障がいの特性に加え、加齢も伴って身体の歪曲化の進行や、痛みなど身体上の困難な要因が増してきたためです。

ベテラン社員で、以前まではいろいろな業務ができたのですが、思うように体を動かせなくなり、担える業務の幅がどんどん狭まってきたため、「ビン・缶」と「その他」の仕分業務を専属でやってもらうことになりました。

「助け合い、補い合う」ことが当社の働き方の基本なので、Dさんが一つの仕事の専属になった当初は、否定的な見方もありました。知らず知らずのうちに他の社員は不満に思い、少なからず批判的な声が出てきたのです。

「あの人は長年勤めているベテラン社員なのに、あの業務しかできないのか……」

「あの人だけ楽にできる仕事をしていて、ズルいんじゃないか」

非常によくない状況ですが、そうしたことを口にする社員のことを責めるわけにはいきません。このような場合、私たち経営陣が先に対応することが大切だと考えています。

「できること」をやってもらう

そこで私は、他の社員たちへの説明が足りなかったことを反省し、理解してもらえるよう意を尽くしました。

留まることなく流れてくるビンや缶、その他を仕分けるDさんの担当業務は、施設の構造上、一般的な身長の成人男性だと、ずっと足や腰をかがめ、体を曲げ続けた体勢でなければできません。その状態で、長い棒をもって仕分け作業をするのは案外大変で、一日作業すると、足や腰が悲鳴をあげてギブアップする人もいるくらいです。

私は他の社員に、

「想像してみてください。一日中、この業務を続けられる人はどれくらいいますか？　明日も明後日も、毎日できるという人はどれくらいいますか？」

と問いかけをしました。

するとみんなが、「よく考えてみると、その仕事の大変さがわかりました！」と納得に変わり、さらには納得を超えて、「Dさんはその仕事よくできるね！　Dさんだからできる」という尊敬の気持ちに変わったのでした。

私たちの会社は、社員がもっている力を最大限に発揮することを大切にしています。会社はあくまでも、その舞台です。Dさんのように、加齢に伴って障がいが悪化し、本人の意思に反してできることが少なくなってきた人には、「その時点でできること」で力を発揮してもらえればいいと考えています。

得意と不得意を組み合わせる

141頁の図は、つくし更生会の組織図です。

一口に障がいといっても、知的障害、身体障害、聴覚障害、精神障害などさまざまなタイプのメンバーがいます。それぞれ障がいの度合いも違いますし、重度障がい者もいます。また健常者といっても、その中には65歳以上の高齢者もいます。

組織図を見てわかる通り、障がいの種類がバラバラなだけでなく、健常者、高齢者が交ざっているチームもあれば、障がい者だけで構成されているチームもあります。

中には、「なぜ各チームに健常者を置かないのですか」「いろいろなタイプの障がい者を一つのチームにしていて、業務に支障は生じないのでしょうか」と尋ねてくる人がいます。

私はそういう人に逆に、「どうして健常者がいないとできないと思うのですか」「同じ障がいのタイプの人たちを集めてチームをつくったほうがいいと思うのは、なぜですか」と問いかけることにしています。すると、たいていの人ははっきりとした理由を答えられず、戸惑ったような表情を浮かべます。

もちろん、業務内容によっては、同じタイプの障がいのある社員を集めたほうがいい場合もあるでしょう。

しかし私たちがチームをつくる時にまず考えるのは、障がい名ではなく、個人としての力量をどう判断するか、一人ひとりの得意・不得意です。Eさんの得意とFさんの不得意、Gさんの不得意とHさんの得意。一人ひとりの力量を見ながら、組み合わせを考えてチームを構成します。

株式会社障がい者つくし更生会 組織図
（組織の構成と各部署に所属する社員の特性）

2024.10.1 現在

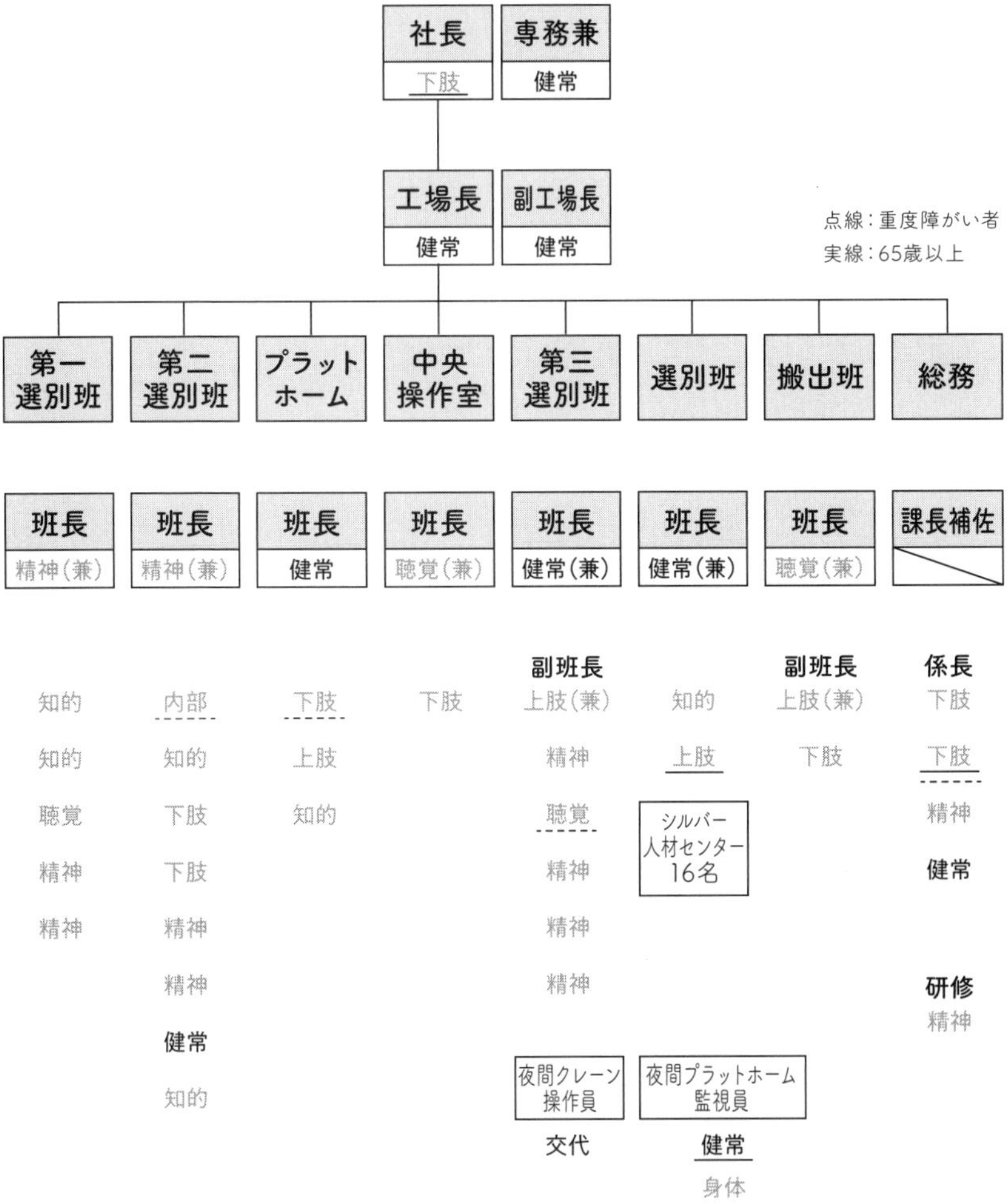

「できない人」と「できる人」が、互いに補いながら業務を進めていけるよう組み合わせていくので、結果的に、障がい名や障がい特性がバラバラのチーム構成になるのです。

仕事を行う上で重要なのは、その社員がどういう障がいがあるかではなく、どういう能力をもっているか、だからです。

障がい者は、能力の一部が障がいによって制限されています。しかし、制限されている能力がある一方で、制限されていない能力もたくさんあります。重要なのは、制限されていない、できる可能性のある能力に目を向けて取り組むことです。

多くの健常者は障がい者と接する際、制限されている能力ばかりに気を取られ、制限されていない能力があることを見落としがちです。障がい者本人ですら、自分の障がいに気をとられ、自分がもっている能力に気づいていない人がいます。

しかし、制限されていない能力に目を向ければ、障がい者であっても健常者と同等か、それ以上の仕事はできるのです。だから私たちは個々の社員の能力をトータルで見つつ、「この人ならこの仕事ができる」「この人には他の部署に行ってもらったほうがいい」といったことを考えるわけです。

これは、何も特別なことではなく、健常者しかいない会社で人員配置を決める場合も、普通に行われていることだと思います。

経営者の役割は環境をつくること

組織図の上のほうに社長、専務、工場長とありますが、私たち3人は社員の上に存在しているわけではありません。つくし更生会では役職は、単なるニックネームのようなものです。もちろん重い責任はありますが、偉いわけではありません。

社長が社員に助けてもらうこともありますし、それは専務である私も同様です。

同時に私たちは役職者として、前に立って社員を引っ張ることもあるし、刺激を与えていろんな声かけをすることも、社員の後ろに回って背中を押すこともあります。

私たちは、社員の周りをぐるぐる回りながら、自分たちの役割を果たしています。会社の主人公である社員たちが、よりよいパフォーマンスを上げられるような環境をつくることが私たちの役割です。

先ほども触れましたが、一般的に共通する障がい特性の人を採用する、集めるということが多いようです。そこで、つくし更生会を見学に訪問された方々にその理由をうかがうと、明確な答えをおもちでないこともありました。その中でも答えていただいた内容の多くは「管理しやすいから」でした。

要するに、「管理する側の都合」を最優先にしているということでしょうか。それでは、

「働かせる立場」と「働かせられる立場」という区別がはっきりと生まれ、仕事を「やらせる」と「やらされる」の関係になってしまうことはないでしょうか。それをマネジメントと表現するのでしょうか。

それでも、社員のパフォーマンスが向上し、成長し、お客様へ貢献できることにつながると判断したのであれば、それは選択の一つであり自由だとは思います。ただ、私たちは、成果が上がる実感を得ることができ、お客様や社会から喜ばれることにつながるのは、「働く人を中心」とした捉え方をすることがよい判断だとして実践してきました。それは現在さまざまな社会の課題や要求事項がある中で、つくし更生会の必要性を社会から高く評価していただいている価値につながっていると考えています。

管理する・管理される、やらせる・やらされる、といった関係ではなく、自分たちにとってこの仕事が必要だからやる、責任を果たすためにやる、やったことにはいい評価が返ってくる、だから明日も頑張ろう！と、みんなが前向きな姿勢になる環境を設定することが、私たち経営者の仕事だと考えています。

PART 9

私たちが
社員の成長のために
やっていること

「できない」という言葉の裏側を考える

仕事を部下に頼んだ時、部下から「できません」と言われたことはあるでしょうか。そこまで直接的に言う部下も少ないでしょうが、できない理由をたくさん並べて、やんわりと意思表示をされたことはあるかもしれません。

健常者がほとんどの会社であれば、本当はできない、やりたくないと思っていても、たいていの部下は「仕事だから」と、渋々受け入れるでしょう。

ただ私たちの会社には、危険を伴う作業もあります。本人ができない、やりたくないというネガティブな気持ちで現場に出ると、大きな事故につながりかねません。それに何より、納得感なしに「やらされている」状況は、社員にとって不幸以外の何物でもありません。それをそのまま放置するのは、経営者としては怠慢だと思います。

これは、一般の会社も、つくし更生会も同じことです。社員の「できない、やりたくない」という気持ちを「できる、やりたい」に変えるのが経営者の仕事であり、それができてこそ品質も、生産性も上がり、社員の幸福度も上昇するはずです。

では、社員が「できない」と言った時、どう対応すればいいのでしょうか。

私は、「できない」という言葉の、裏側を考えるようにしています。

経験がなくてできないと言っているなら、少しずつ場数を踏んで経験する機会をつくります。できた場合には、「お、いいね！　いい感じ！」と、ポジティブな声かけをします。自信がなくてできないと言っているなら、自信をもてるよう、できることを増やしていくようにします。少しずつでも成功体験を増やして、自信をつけてもらうのです。

裏側がどうであれ、できないことの言い訳が出てくるようなら、対話をしながらその言い訳を取り除いて、本人が納得してできる状況にもっていきます。

「できない」と言いはしても、本当は心の中のどこかに、「できるといいな」「できるようになりたいな」「やってみたいな」という小さな気持ちがあったりします。それに気づき、引き出して、「本当はやってみたかったんだ」と自分で感じて、自らの意志として「やります」と言えるように、そして「やってよかった」と実感してもらえるようにつなげるのが私の仕事だと考えています。ただし、決して無理強いはしません。社員の多くは、過去に「説明の意味がわからなかった」「やっても怒られる」「怒られるなら、やらないほうがいい」などの体験があるからです。

「できない、と言う場合は、できる方法を考えさせたほうがよいのでは？　それが社員の成長につながるのではないか？」と言われたことがあります。確かに、そうした指導も一つの方法でしょう。

ただ、本人が「できない」から「やります」の方向へ思考を180度変えるのは、たやすいことではありません。だから私はよりスムーズに思考を変えることができるよう、「できない」の裏側を考えて、不安や疑問があればそれを一つずつ取り除くようにサポートをしているのです。

サポートはしますが、できないと思っていたことを解消していくのは、最終的には社員自身です。プロセスを踏んで、本人が自分の意志として「やります」「やってみます」と言い、行動できるようになれば、それでいいのだと考えています。

励ましの言葉が人を追いつめることもある

先日、経営者のXさんから「那波さんは、どんなふうに社員と向き合っているのですか？」と尋ねられました。

Xさんはいつも明るく前向きな性格で、社員のことを本当に大切に思っている、素敵な経営者です。

聞くと、Xさんの会社の社員であるMさんが、仕事で失敗をしてしまったそうです。Xさんが励ますつもりで「大丈夫！　大丈夫！」と声をかけると、Mさんが突然泣き出してしまいました。

よく話をしてみたところ、「大丈夫！　大丈夫！」という言葉が、かえってよくなかったことがわかりました。

Mさんは本当は、Xさんに相談したいこと、聞いてほしいことがあったのです。ところがXさんに「大丈夫」と言われてしまうと、「自分はまた、小さなことに悩んでいるのかもしれない」と相談しづらくなってしまい、その思いが積み重なり、溢れ出して泣いてしまった、というのです。

Xさんは、そこまで深く考えずに発していた言葉がMさんを追い詰めたことを反省し、もっとしっかりと社員と向き合う必要があることに気づきました。そこで、「つくし更生会の那波さんは、どのように社員と向き合い、その気持ちをつかんでいるのだろう」と関心を抱いて質問してくれたのでした。

社員のことを大切に思っていても、彼や彼女の悩みや不安がわからない。悩んでいるとわかっても、どうアプローチすればいいのかわからない。そんなふうに感じている経営者から質問を受けることがよくあるので、私がこれまで実践してきたことをお伝えしたいと思います。

社員の「言葉」をぜんぶ書き出す

私は、社員が困っていたり、不満を抱えていそうだなと察知したら、まずは積極的に声をかけます。その場で解決できればいいのですが、それがむずかしければ時間をとって、じっくりと話をするようにします。

その場合は、その人が心の中にあるものを吐き出しやすいように、できるだけ社員が理解しやすい簡単な単語を使います。ぽつりぽつりと出てきた言葉を一緒に確認できるように、ホワイトボードなどを使って、その言葉を書いていきます（※1）。

出てくる言葉の順番や内容は、バラバラでもかまいません。整理も言い換えもせず、その一言一言を、漏らすことなくどんどん書いていきます。

なぜ出てきた言葉をいっさい整理せずにそのまま書くようにしているかというと、本人の頭の中で、思いがあっちにいったりこっちにいったりしている状況をホワイトボードに表現（可視化）したいからです。

もう言葉が出てこない状態になったら、今度はそのバラバラに書き出した言葉を、一つずつ分類していきます。

「会社でできること？」「家庭でできること？」「すでに終わっていること？」と質問しな

がら3つのグループに仕分けるのです（※2）。

次に、「すでに終わっていること」のグループに集まった言葉を改めて確認してもらいます。このグループに分類した言葉は、今のもやもやと関わりのないことが含まれていることを可視化し、「今は悩む必要がなかったんだ！」と納得に変えることができます。

そして、「会社でできること」と「家庭でできること」のグループを確認していきます。この際、2つのグループの間に1本の線を引きます。仕事とプライベートとの区別をはっきりさせるのです（※3）。

先に、「会社でできること」のグループにある悩みや不安を、具体的にどのように改善していくかを一つずつ考えます。

その上で、「家庭でできること」のグループの改善方法を考えます。プライベートではありますが、本人が希望すれば、必要に応じて介入することもあります。

最後に、最初にバラバラに書いた言葉たちと、最終的にグループ分けをして3つに整理されたものを比較し、その違いを見てもらいます（※4）。

このようにすれば、頭の中でもやもやしていた気持ちが整理された状態を可視化できるようになります。その結果、どのようなタイプの社員も、自分が何に悩み、何に不安を感じていたかが明確になり、解決の糸口を発見して、安心してくれるのです。

■社員が口にしたいろいろな悩み・困り事（※1）

□　○○
○○○○　△△△△△△　△△△△
□□□　△△　△△△△　□□　○○○○○○○○
（○は会社でできること・△は家庭でできること・□はすでに終わっていること）

■社員の悩み・困り事を仕分けする（※2）

会社でできること？：○○○○　○○○○○○○○　○○
家庭でできること？：△△△△△△　△△　△△△△　△△△△
すでに終わっていること？：□□□　□□　□

■仕事とプライベートを線引きする（※3）

会社でできること：○○○○　○○○○○○○○　○○

家庭でできること：△△△△△△　△△　△△△△　△△△△

■整理して違いを見てもらう（※4）

⬅

整理した後：○○○○　○○○○○○○○　○○（会社でできること）

△△△△△△　△△　△△△△　△△△△（家庭でできること）

□□□　□□　□（すでに終わっていること）

中には、プライベートの悩み事にまで口は出せない、と考える経営者もいるかもしれません。特に昨今は、ワークライフバランスを大切にしようという考えが広まり、仕事と家庭は切り離して考えなければならない、会社が家庭のことに口出しをしてはいけないと思われがちです。

しかしもし仮に、あなたが仕事中に、自宅の近辺で火災が発生した、という連絡が来たとしたらどうでしょうか。誰だって心配になって、仕事が手につかなくなるでしょう。人間の自然な、当然の感情です。

私は、社員が家族のことで心配事があり、それが仕事に影響するようであれば、そこに寄り添うのは経営者の役割だと考えています。本人が希望していないのに無理やりに踏み込むことはあり得ませんが、会社の介入を希望するのであれば、やれることはやります。その結果、社員の会社でのパフォーマンスが向上するのなら、やらないよりやったほうがいいはずです。

これは経営者の仕事、という以前に、私と社員との関係性の問題だと思います。社員にとって私は信用できる人間なのか？ということです。

プライベートまで含めて悩み事を言葉にしてもらうためには、「この人は信用できる人間だ」と思ってもらうことが重要です。

大切なのは、一つひとつの言葉や行動の積み重ねです。社員のみんなに、「会社には、一緒に考えて、気づかせてくれる人がいる」という安心感をもってほしいのです。

本人が口にしないけれど伝えたいことを聞き出す

困っていることや不満ではないものの、考えていること・伝えたいことをうまく表現できずにいるケースもあります。

そうした場合は、その人が考えていそうなことをていねいに質問して、少しずつでも本人の言葉を引き出します。

その上で、それらの言葉を「どんな項目や文節で区切ればよいか」を考えながら仕分けし、文章にしてみます。そうやってできあがった文章の説明をし、ゆったりと読み上げます。読み上げたその時点で、相手はほとんど納得しています。そこで改めて、自分の声で読み上げてもらいます。

ほとんどの社員は、読み上げる時には、とてもいい顔つきになっています。表情がどんどん晴れて、納得感をもった様子に変わるのです。

そんな時は、本当にうれしくなります。

とはいえ、全員が全員、いつも理解し、納得してくれるとは限りません。私はそれでもかまわないと思っています。

最初は、伝えたいことはあるものの、何をどう言ったらいいのかさっぱりわからない状態から、「そう言いたかったような気もするけど、何となく納得できない」という状態に進んではいるからです。

これも、一歩前進と言えるでしょう。時間の経過や経験とともに、点と点がつながって、「そういうことだったんだ！」と理解し納得してくれればいいのです。

このように伝えたいことを聞き出す場合、大事なのは、最初の質問をできるだけていねいに行うことです。

問いかけて、すぐに答えが返ってくるとは限りません。なかなか答えがなく、沈黙が続く際には、「質問がわかりにくかった？」と尋ねます。そもそも質問している内容を理解できたかどうかを確認するのです。

質問が理解できていなかった場合は、一つひとつかみ砕いて質問し直します。質問は理解できたものの、答えになる表現が出て来ず、沈黙してしまうこともあります。もしそうであれば、言葉が出てくるまで待ったり、改めて問いかけをして一緒にその言葉を探してみたりすることもあります。

大切なのは、自分で気づくことです。自分という人間が、どういうことを考えているかを知り、納得することです。

そうすることで自己を理解できるようになり、自己肯定感をもてるようにもなってきますし、その後の他者への理解や人間関係の構築にもつながります。

自分が考えていることを文章や口頭、その他自分なりの方法で伝えるという練習を幼い頃からやっていたら、会社に入るまでにもっと理解の幅が広がって、意思決定をしてこられたのかもしれません。

しかしそうした練習をする機会がなかったのであれば、私たちが手伝ってあげればいいのではないかと考えています。

「やります」が資格取得につながった

こんなふうに社員とのコミュニケーションを取り、「やります」を尊重し続けた結果、私たちの会社では多くの社員が、何かしらの資格をもつようになりました。危険物取扱者、フォークリフト、クレーンなどの公的な資格です。

資格試験に合格して免許証などが発行されると、社員たちはとても誇らしげです。資格取得は当然ながら、社員の自信につながります。

「自分には資格なんか取れない」と言っていた社員の中には、「あの人がやれるのだったら、自分もやってみたい」と言う人もいます。仲間の頑張りが刺激になって、波及効果を生み出しているのです。

もちろん、資格を取得することを目的にしているわけではありません。やってみたいと思ったことを実行するには資格が必要だから、資格取得にチャレンジしよう、という流れの結果です。チャレンジしたいという社員がいるのであれば、会社として応援しないわけにはいきません。

以前、「資格を取らせてまで、障がい者に危険を伴う作業をさせるのですか？」と言われたことがあります。

資格所有者一覧

総数：40名　障がい者：33名　健常者7名
資格所有者：31名（障がい者：24名、健常者7名）

資格名	総数	障がい者	健常者
廃棄物技術管理者	2人	0人	2人
最終処分場技術管理者	1人	0人	1人
安全衛生推進者	2人	1人	1人
危険物取扱者	2人	1人	1人
防火管理者	0人	0人	0人
車輌系建設機械	10人	6人	4人
フォークリフト	26人	21人	5人
クレーン	30人	24人	6人
障がい者職業生活相談員	11人	6人	5人

※一社員が複数の資格を所有している場合もあります。

しかし、つくし更生会には、障がい者だから、健常者だから、といった線引きはないのです。フォークリフトやクレーンの操作で主力になっているのは障がい者です。「やってみたい」という気持ちをもつことは、障がい者も健常者も同じです。社員の「やってみたい」を尊重することがマネジメントの根本だと、私は考えています。

PART 10

会社見学によって得られること・提供できること

成長していると言われる社員たち

つくし更生会の社員たちの成長に大きな役割を果たしているのが、社外の方々の会社見学です。私たちの会社には、障がいのある当事者や、障がいがある子の保護者、福祉職員や教職員、行政の方々や企業の経営者・社員、士業といわれる専門家・研究者、メディア関係など、さまざまな職種の人が見学に訪れます。

見学に来た人に会社の説明をする時、私は「つくし更生会には、こんなタイプや、あんなタイプの障がいがある人がいます。健常者というタイプもいます」と話すことがあります。障がいがあろうと、なかろうと、みんな、人の「タイプ」にすぎないと考えているからです。

会社見学では、私たちの会社の日常業務、そのままの姿を見ていただいています。

見学者には、社員が説明係となって、担当業務についてお話をします。例えば、色つきのビンと透明のビンを仕分ける業務の担当者は実演を交えて紹介してみたり、また別の業務の担当者は手づくりの写真パネルを使って作業工程を説明したりと、それぞれ工夫を凝らしています。

訪問者人数（見学者等）一覧表

分類	2016年度	2017年度	2018年度	2019年度	2020年度	2021年度	2022年度
一般企業	55名	80名	110名	259名	11名	50名	93名
障がい者団体・福祉関係者（支援者・教育者・専門家・当事者・ご家族）	260名	229名	389名	254名	100名	89名	161名
官公庁関係者	92名	142名	119名	189名	20名	15名	27名
その他	23名	38名	12名	158名	7名	14名	40名
合計	430名	489名	630名	860名	138名	168名	321名

（2020年から2021年はコロナ禍の行動制限のため受け入れをお断りすることもありましたが、2022年以降、行動制限が徐々に緩和され再び多くの人に来ていただいています）

見学者から、「みんなが活き活きと働いていて、誰が障がい者か全然わかりませんね！」「障がい者雇用は特別なことだと思っていましたけど、違うんですね！」「○○の障がいの特性からすると、こんなことができるなんて信じられない！」という感想をいただくことがあり、とてもうれしく思います。

以前、二度目に見学に来られた人が、こんな話をしてくれました。

「社員の○○さん、すごく成長されていて驚きました。3年前にもお仕事の説明をしてもらいましたが、その時は自信なさげにうつむき加減で、声も小さかったけど、一生懸命だったので印象に残っていました。今回は身振りや手振り、目配せもしっかりされていて、本当にわかりやすく説明されていました。見違えました！」

こういうご意見は、本当にありがたいのです。いただいたら、直接本人に伝えます。

「見学に来られた人が、あなたの説明がとてもわかりやすかったってほめてくれていたよ。3年前に説明を聞いた時より、ずっと上手になっていたと言っていたよ」

こう伝えると、照れながらもうれしそうにしていました。

気心知れた社内の人間からよりも、第三者である見学者からほめてもらえるということが、とても大切なのです。第三者の評価は、より強く本人に伝わります。本人の自信につながり、もっと上手に、もっとわかりやすく説明できるように改善、工夫、そして努力をします。

そして、仲間がほめられている場面を目の当たりにした他の社員たちは、「次は自分もほめられたい」「○○さんだけがほめられていいな！　次は自分が頑張ろう！」と刺激になり、会社全体にとっていい影響が生まれます。おほめの言葉は、社員たちにとって、モチベーションアップの大きなきっかけです。

社外のさまざまな人に職場を見ていただくことで、社員たちは緊張感とやりがいをもって仕事に取り組むことができます。見学者の人をお迎えすることは、つくし更生会にとって、何よりの社員教育になっているのです。

見学者にヒントを提供することもできる

私がうれしいのは、このように見学者の訪問が、社員の成長に寄与しているだけでなく、皆さんにも大変喜んでいただけていることです。

中には「参加費を払っても……」などと言ってくださる人もいますが、ご遠慮していいます。私たちは、会社見学を会社の利益のためにやっているわけではなく、つくし更生会の価値を知ってもらうために、あるいはその価値を高めるために行っているからです。

私たちにとって重要なのは、会社見学に来た方々に、つくし更生会の取り組みを知ってもらうことです。その取り組みに共感いただき、周りの人たちにつくし更生会のことを話してもらえれば、わが社の取り組みがより広く知られていきます。私たちからすると、会社見学で見学料をもらうよりもよほど価値があるのです。

一方で、会社見学を行うと、見学者からは見学後の感想だけでなく、それぞれの肩書きの背景に沿った相談とも嘆きとも取れるような話を聞くことがあります。

例えば、経営者は「いや、うちの社員が……」と嘆き、社員は「うちの社長では……」という話が出ることがあります。福祉職員と利用者、障がい者とその保護者、教職員と生徒などさまざまな関係性の中で、それぞれの人が「うちの業界は……」「うちの上は……」といった嘆きを口にします。

これは、私たちからすると、決して悪いことではありません。

このように本音を言ってもらえること自体、見学者と私たちの間に、よい関係がつくれている証拠といっていいからです。

愚痴や不満を素直に表出するその関係性の中で、相手の話をより深く聞き、私がそれに答えることによって、さらに関係は深まります。

では、どうして、つくし更生会と見学者の間にはこうした関係が生まれるのでしょうか。あるいは見学者はどうして、周囲の人とよい関係を築くことができないのでしょうか。

ありのままを見てもらうと固定観念が崩れる

その理由の一つは、私たちが「いい会社見学」を実施できているからだと思います。つまり、見学によって、つくし更生会の行っている活動を理解してもらえたからこそ、さまざまな本音が見学者から出てくるのではないか、ということです。

私たちは、会社のことをありのままに、そのまま見てもらいます。

他の会社だと、企業秘密などもあって外部の人には見せられないものもあるでしょうが、つくし更生会には隠さなければならないことは何もありません。だから、社員の働きぶりをそのまま見てもらい、知ってもらうことができます。

その後に、改めてつくし更生会の現状やこれまでの実績をお話しすると、見学者の皆さんは「ニッチな業界で全国トップクラス」「競争相手は一般企業」「補助金はもらっていない」という事実を知ることになります。

その時、多くの見学者に生まれるのが、「なぜできるの？」「自分たちはどうしてできないと思い込んでいたんだろう？」などという疑問です。

「障がい者にはどうせできない」「障がい者と一緒に働いて、利益など上げられるはずがない」という固定観念が、私たちのことを知って崩れるのです。この固定観念が崩れた瞬間が、新しい情報を素直に受け入れられるタイミング、学びのチャンスとなるのです。

ほとんどの人は、つくし更生会のことを人から聞いたり、メディアで見ても「すごい会社があるんだね」「いや、それはつくし更生会が特別なだけだよ」「うちには関係ないよ」などと考えがちです。固定観念があるからです。自分ごととして深く考える人は、きわめて少数派だと思います。

しかし固定観念が崩れると、人間の心はその崩れた部分を穴埋めしようとするようです。外から見ただけでは、つくし更生会は他の会社や施設と何ら変わりはありません。ところが、働く社員たちと現場をリアルに見て説明を聞けば、自分たちの会社や施設などとは大きな開きがある。できるわけがない、と思っていたことができている。

そこで固定観念が壊され、「つくし更生会とうちではどこが違うのだろう」「なぜ、つくし更生会にできて、うちにはできないのだろう」と考え始めます。そして私たちに、「もっと知りたい」「もっと聞きたい」と、さまざまな質問を投げかけてくるのです。

つくし更生会を見学する人の多くは、

「事実を見る、知る」

←

「固定概念が崩れる」

←

「その理由を自分ごとで考え始める」

←

「つくし更生会に質問する」

という順を追って理解を深めます。

見学者たちが私たちに質問をしようと思う段階では、姿勢はすっかり前向きなので、私たちの言葉も相手に非常に届きやすくなります。

反省の弁を述べ始める見学者たち

見学者からの質問はいろいろですが、私たちが答えるのは、基本的には会社の使命や会社としての考え方、心がけている行動、社員の観察ポイント、業務の改善方法や工夫などのことです。

この場合も、見学者たちに気づきが得られるような、納得してもらえるような説明を心がけます。関係性ができているからといって、説明が雑になったり、自慢話のようになってしまったりしては、伝わるものも伝わりません。

こうして質問に対する説明をしていくと、今度は多くの見学者が「(うちでも)それができたらいいよね」「(うちも)そうなれたらいいよね」という気持ちが生まれるとともに、それまでの自分の在り方ややり方を反省する気持ちをもつようになります。

実際に、多くの見学者が反省の言葉を口にします。

自社の社員や施設の利用者と接していて、「なぜ、できないのか」「なぜ、伝わらないのか」と不満を感じている方々はたくさんいます。そうした人たちが「なぜ」の理由について、「今までは他者に責任を求めたり、他に原因を探したり、あるいは人ごとで考えていた。しかし、そうではないことに気づいた」「自分にも原因があった」「これからは何事も自分ごとで考えないといけない」などと話してくれるようになります。

中には、「社員が悪いと思っていたけど、原因は自分にあった」とつぶやく経営者や、机をバンバン叩きながら「私が悪かった」と悔いた保護者もいました。

もちろん、私たちは、見学者に反省してもらいたくて見学会を行っているわけではありません。「つくし更生会ではこうしています」と、事実を説明しているだけなのですが、その事実が、おそらくは見学者の心の中の何かに訴えかけて、言葉にして吐き出したくなるような、そんな心理状態にさせているのかもしれません。

こうした反省は表面的なものではなく、さまざまなことを納得した上でのことなので、本人の行動にも影響が出ます。

「もっと早く知っておけばよかった」「こんな会社が増えたらいいのに」「この会社をもっと知ってほしい」「この会社のことを人に言いたい」「会社経営、社員教育の勉強になった」など、さまざまな肯定的な感想を述べてくださった見学者たちが、自分の周りの人たちに、つくし更生会のことを紹介してくれるという事例が後を絶ちません。「この会社をもっと知ってほしい」という気持ちを、行動に移してくれているのです。

こうして、見学者の皆さんが口コミで宣伝してくれるお陰で、人が人を呼び、コロナ禍が始まる前までは、見学者の数が右肩上がりで増えていました。

人は「事実」によって動かされる

会社見学にあたって、私たちは「障がい者を理解してください」「障がい者を雇用してください」などのことはいっさい言いません。あくまでも、「つくし更生会はこういう会社で、こういうことをやってます」という事実を説明するだけです。

「理解してください」「雇用してください」は事実ではなくお願いですが、そうしたお願いをするまでもなく、会社見学をした人の多くは、「どうやったら自分たちはできるだろうか」「障がい者雇用って、価値があるな」と考えるようになります。

それは、つくし更生会の会社見学が、見学者にさまざまな事実を突きつけるからでしょう。「お願い」であればいろいろ言い訳して逃げることができますが、「事実」の前では人は言い訳できません。

もちろん、実際にやろうすると、現実的にむずかしい面はあると思います。しかし、その際には、どこにボトルネックがあるのかを考え、実行していけばいいのです。自社は障がい者を迎えられるレベルにない、と考えるなら、そのレベルに達するよう、研修や社員教育を行えばいいでしょう。

会社見学に来られたある経営者が、会社見学で得たことを自分の会社でも実践しようと考えて、つくし更生会の考え方と取り組みについて、全社員に説明したそうです。ところが、全く社員に伝わらず、社員を連れて改めて見学に来た、ということもありました。

この時来られた社員さんは、私の説明を聞いた後、「なるほど、うちの社長は、こういうことが言いたかったんですね」と納得して帰られました。

正直なところ、会社見学への対応には、時間的なことも含めて非常に大きな労力がかかります。しかし、毎年たくさんの人が会社見学に来られることは本当にありがたく、まして「見学に来てよかった」と喜んで帰られるのを見ると、大変と思う気持ちなど吹き飛んでしまいます。

そして、私たちがここまでして見学会に力を入れるのは、つくし更生会の取り組みに感心してくれた人が、それぞれの場所に戻って、さまざまな実践をされていくことを願っているからでもあります。

しかも、会社見学を行っていると、普通に廃棄物処理の仕事をしているだけではご縁がないような方々との出会いも生まれます。

特に『日本でいちばん大切にしたい会社4』（坂本光司著・あさ出版）で紹介していただいて以降は、さまざまな地域、業種の人に足を運んでいただけるようになりました。お陰さまでご縁が広がり、そのご縁から、私たちもたくさんのことを学ばせていただいています。

PART 11

就労体験で様変わりする特別支援学校の生徒たち

生徒一人に社員一人がサポート

つくし更生会では、定期的に、特別支援学校の知的障がいのある生徒の受け入れを行っています。

受け入れ期間は月曜日から金曜日までの5日間ですが、多くの場合、生徒の保護者や担任の先生が「この子はこんなにできたんだ」と驚くような成長を遂げて帰っていきます。

生徒たちに担当してもらうのは、ベルトコンベアで流れてくるビンを仕分けしていく作業です。ビンには透明なものの他に、さまざまな色が入ったものがあります。これらをリサイクルし、資源とするには色を揃えなければならないため、手作業で仕分けしていきます。

ベルトコンベアで流れてきたビンを、色別に、シュートと呼ばれるボックスに入れていくことを繰り返しますが、その際、生徒には必ず、流れてくるビンの色を口に出して言ってもらうようにしています。

青色のビンが来たら「青」、緑色のビンが来たら「緑」と、声を出してシュートに入れるわけです。

その理由の一つは、仕分けを正確にするためです。目で色を一度チェックし、それを声に出すことで再度チェックすることになるので、目だけで仕分けをするよりも正確性が上がります。

もう一つの理由は、声を出すこと自体に慣れることです。声は、普段から出していないとなかなか出ません。声を出す準備ができてない状態で何か困ったことやわからないことがあった時、とっさに周りに助けを求められるかというと、なかなかむずかしいのです。だから、業務中は常に声を出してもらい、発声という行為自体への抵抗をなくそうとしているわけです。声を出すとストレスが解消され、前向きになりやすいという効果もあります。

それでもミスはありますが、その場合は社員がサポートします。生徒一人に一人の社員が必ずつき、ビンを違う色のシュートに入れようとしたら「それ違うよ」と教えたり、違うシュートに入れてしまったらそのビンを取り除いたりします。

肯定のシャワーで成長する生徒たち

社員たちの仕事は、そうした失敗をフォローすることだけではありません。生徒たちがきちんと仕分けができた際には「いいよ、いいよ」「ＯＫ、ＯＫ」「できてるよ」などと、声かけをします。

就業時間中は、ベルトコンベアが止まることはほぼありません。なので、生徒はビンの色をずっと声に出して言うことになるし、サポートする社員は「いいよ、いいよ」という声かけをずっと続けます。一日中しゃべりっぱなしなので、業務が終わる頃には生徒も社員もへとへとになります。特に社員たちは、若い生徒たちより体力がないので、午前と午後で交替しなければならなかったりします。

生徒たちがビンをきちんと仕分けるたびに「いいよ、いいよ」と声かけすることには、大きな意味があります。

生徒たちにとっては、肯定のシャワーを浴び続けることになるのです。

「いいよ、いいよ」という言葉は、直接的には生徒たちの仕事に対する評価ですが、言われ続けることで生徒たちは、自分という人間が「いいよ」と言われている感覚になってきます。社員に認めてもらっていると感じるようになるのです。

そうした感覚のまま休憩時間に入ると、生徒とその生徒を担当した社員の距離がぐっと近づき、社員に話しやすさを感じたり、一緒にいて安心感がもてるようになってきたりします。担当社員に、心理的安全性を感じている状態になるわけです。

すると時間がたつごとに、生徒たちの一度に判断できる物事の量が増え、判断のスピードもどんどん上がっていきます。

名前を覚えるところから関係性が始まる

大切なのは、社員たちと生徒たちの関係性です。だから私たちは、一日の作業が終わったら、生徒たちに必ず、その日、自分を担当してくれた社員の名前を覚えているかどうかを確認するようにしています。

受け入れ期間中は、一人の生徒につく担当者が何回も変わります。なので、今日の午前はAさん、今日の午後はBさんと答えられたとしても、次の日は担当者が変わるので、また覚え直さなければなりません。

人間関係は、相手の名前を覚えるところから始まります。逆に言えば、相手の名前を覚えないまま人間関係を構築することはできません。だからこそ、相手の名前を覚えることの大切さを、生徒たちに知ってもらいたいのです。

一方で、社員の側も、自分が担当した生徒に名前を覚えてもらう努力が必要です。

そこで、生徒たちが名前を覚えているかどうかを確認したら、今度は社員たちに「○○君に聞いたら、あなたの名前は覚えてたよ」ときちんと報告します。

名前を覚えられていない社員には、「Cさんの名前は出てきたけど、○○さんの名前は出てこなかったよ」と、少しだけ競争心を煽ったりもします。するとその社員は、「しまった、覚えられていない」と感じ、翌日以降の行動が変わってくるのです。

中には、生徒たちとすれ違う時に、「おう、俺の名前○○だから、ちゃんと覚えとけよー」と、軽い口調で言ったりする社員もいます。苦笑してしまいますが、そこにコミュニケーションが生まれ、会社内によい雰囲気が生まれるので、悪いことではないと思っています。

いずれにせよ、「名前を覚える」とは、相手を意識し、記憶することなので、それだけでも、社員と生徒の関係はぐんと近いものに変わってくるのです。

シングルタスクからマルチタスクへ

知的障がいの生徒たちを受け入れたばかりの月曜日には、たいていは、片手で一つひとつのビンを仕分けることしかできません。しかし、金曜日になると、両手で異なる色のビンを仕分けできるようになっています。2つの判断を、同時にできるようになるのです。

仕分けたビンも、乱暴にシュートに入れるのではなく、ちょうどいいくらいの力加減で投げ入れることができるようになります。それができるのは、流れてくるビンを見て、重さがどれくらいで、どの程度の力で握ればいいか、どれくらいの力でシュートに入れればいいかを、きちんと判断しているからです。

作業は手袋を二重にはめた状態で行うので、触覚が鈍った状態ではありますが、それでもこれだけの作業が行えるようになるのです。

知的障がい者というと、世間一般では、シングルタスクの定型的なことをゆっくり行うことしかできない、と思われがちです。保護者や教職者ですら、そう思っている節があります。

しかし私たちは、マルチタスクで素早い動きもできるという前提のもとで、彼らを受け入れています。教える側が「できる」と思って接するのと、「できない」と思って接するのでは、どちらが本人の成長につながるかは明白です。

つくし更生会の特別支援学校の生徒の受け入れでは、ミーティングで「伝え方」のトレーニングも行います。これらの結果、月曜日に入ってきたばかりの頃と金曜日に帰る頃とでは、生徒たちは見違えるような成長を遂げています。

もちろん、成長したかどうかは、あくまでも生徒一人ひとり、個々に考えます。他の人と比べる必要はありません。その生徒のもともとのレベルを考え、伸びている幅が非常に大きければ、それでいいと考えています。

生徒との関わりは社員の成長にもつながる

つくし更生会が、このように特別支援学校の生徒を受け入れているのは、言うまでもなく、生徒たちのためです。ただ一方では、当社の社員たちの教育のためでもあります。

受験勉強などでもそうですが、「人に教える、人をサポートする」ことは、教える側の成長につながります。

社員Aが接した時と、社員Bが接した時では生徒側の反応も変わってきますが、なぜそのような違いが生まれるのかを考えるだけでも、社員たちは気づきのチャンスを得ることができるでしょう。

ただ、生徒たちの受け入れを社員の成長に結びつけるためには、工夫が必要です。

私たちは受け入れが終わったら、教えた社員に、生徒ごとの評価を書いてもらいます。

「この生徒は最初はどうだったか」

「この生徒はその後どんなところが変わったか」

「その変化のために、あなたは何をしたか」

この3つを記述してもらうことで、「他者の評価」の練習をしてもらうのです。

3つの観点から生徒を評価することで、社員は、接した生徒のことを自分はどう考えていたのか、自分はどう接していたのかなどを可視化できるようになるため、さまざまな気づきが生まれるのです。

「評価すること」もコミュニケーションの一つの形なので、それ自体が、社員と生徒の関係性の向上にもつながります。

ちなみに、生徒たちの評価結果は、後日、担当した社員のコメントもつけて、特別支援学校にまとめてお渡ししています。

「この子のこんな姿、見たことがありません！」

生徒の受け入れは、月曜から金曜の5日間という短い期間ではありますが、終了後、保護者や先生から「この子のこんな姿、見たことがありません！」といった感想をよくいただきます。

生徒たちが作業を行う姿を見て、「この子がこんなふうに動けるなどとは、思ってもみませんでした」と言う人がいます。生徒たちが社員と接するところを見て「この子がこんなに話しているのを初めて見ました」と驚く人もいます。

特に人との接し方は、生徒たちは同じようなレベルの子たちで集まる傾向にあり、そこで交わされるやり取りもそのレベルなりのものとなるので、学校にいるだけだとなかなか伸びない部分なのでしょう。これは、特別支援学校に限ったことではありません。

しかし、つくし更生会では、生徒たちは普段接することのない年代の大人たちと接し、一定の関係性をつくります。しかも、ビンを仕分けする際の声出しによって言葉を発することに慣れが生まれ、話すことへの抵抗感がなくなっている状態なので、生徒たちは社員に積極的に話しかけたり、聞いたりしてくれます。他愛のないおしゃべりもするので、それが本人たちにとっては楽しいし、人間として成長していく要因にもなります。

保護者の皆さんはみんな、「その日は疲れて帰ってくるのに、翌朝になると必ず元気になって、つくし更生会に就業体験に行くんですよ」と言ってくれます。多分、学校に行く時とは、どこかが異なるのでしょう。

なぜ、つくし更生会での5日間を終えた後の生徒たちの姿が様変わりしたのか。

それは、つくし更生会という「環境」が、彼らに合っていたからです。生徒たちが潜在的にもっていた能力が、環境の変化によって、顕在化したのです。

生徒たちは、能力をもっていなかったわけではありません。私たちが能力を与えたわけでもありません。もともと能力があったけれど、なかなか発揮される機会や場、環境がなかっただけなのです。環境が与える影響の大きさを、改めて実感します。

障がい者でも健常者でも、能力を発揮できるようになるタイミングは、人それぞれです。自ら気づいて能力を発揮できるようになる人。何か出来事があり、それをきっかけに能力を示すことができるようになる人。他者から見つけてもらって自覚する人。

ただ、障がいをもつ生徒の場合は、自分の能力に自ら気づくことが、なかなかむずかしいのが現実です。そうであれば、周りの大人たちが、よいところ、できることを見つけ、引き出してあげて、本人に気づいてもらう必要があるのだと思います。

PART 12

みんなが「働いて幸せになる」企業風土でありたい

休日も社員同士が遊びに行く会社

近年では、社員同士のプライベートの付き合いや、会社主催のイベントなどがどんどんなくなっているようです。

会社主催の飲み会や社員旅行などのイベントを行いたいと思っても、社員が嫌がったり、強制なのか労働時間なのかを確認されることで、気持ちが萎えてしまう経営者も多いと聞きます。

しかし、当たり前のことですが、会社のイベントを嫌がる人たちも、友人との飲み会には出かけます。要は、会社の中の人間関係の問題でしょう。

つくし更生会の社員たちは、プライベートでの付き合いがあります。休日に一緒にパチンコに行ったり、ツーリングに遠出したり、といった感じです。

会社内のイベントについても、カラオケ大会やボーリング大会を開いたり、博多湾クルージングに行ったりしていますが、嫌々参加するような社員は見当たりません。そもそもこれらの会社のイベントは、社員が中心となって企画・実行しているもので、会社は互助会を通じてそうしたイベントを補助するに留まります。

「障がい者だから、社外での人間関係があまりないのではないか」と思う人がいるかもしれませんが、そんなことはありません。会社の同僚とも遊ぶ、というだけで、社外の友だちと遊びに行く社員もいれば、休日は家族と過ごすという社員もいます。

こんなふうに、つくし更生会の社員同士が遊びに行ったり、各種のイベントに積極的に参加するのは、他社よりは少しだけ、人間同士の「関係性」が緊密だからでしょう。

人間誰しも、苦手な人、一緒にいて楽しくない人と過ごしたいとは思いません。そういう人たちがいる場合は、会社主催のイベントが「強制なのか、任意なのか」「労働時間になるのか、ならないのか」を気にするのも、当然と言えば当然です。仕事なら我慢して参加するが、できれば参加したくない、と考えるからです。

社員同士の関係性をつくるために、イベントや社員旅行を企画している経営者もいると思います。それはそれで、もちろんよい取り組みだと思います。

ただ、イベントがきっかけで関係性が深まったりすることは否定しませんが、それ以前によい関係性がなければ、参加しても気まずい思いをする社員が出てくる可能性があることを忘れてはいけません。そうした事態は避ける必要があります。

私は、イベントにせよ、社員旅行にせよ、みんなが喜んで参加するのはあくまでも結果だと考えています。その前に、社内の人間関係づくりがあるのです。

そして社内の人間関係を緊密にするには、私たち経営者が、日々、社員たちの心理状態や人間関係に心を砕き続ける以外にないと考えています。

「企業風土」を醸成するもの

いずれにしても、このように社員がプライベートの付き合いや会社のイベントに前向きなことから、つくし更生会の「企業風土」をとてもポジティブに評価してくれる人がいます。

「企業風土」という言葉を調べてみると、「組織を構成するメンバーの間で、共通認識が生まれている考え方や思想、価値観（Chatwork）のこと」とあります。「組織風土」で見てみると、「組織の全員が共通の認識をもつ独自のルールや価値観（HRプロ）のこと」と出てきます。

人によって定義はいろいろですが、根底にあるのはやはり、その会社内の人間関係にあるのだろうと思います。

例えば、創業者が切り盛りする小規模の会社の場合は、社長と社員の距離が近く、影響力も大きいことから、どのような企業風土となるかは社長次第、となるでしょう。社長が社員を信用せず、行動を逐一監視するような組織だと、社員が常に社長の顔色をうかがう組織風土になってしまいます。逆に、社長が社員を信じ、自主性を重んじる人であれば、社員がのびのび闊達に働ける風土が醸成されてくるでしょう。

これらも、社長と社員の人間関係の問題です。

「風通しのよい職場」という言い方があります。組織構造がフラットで、上司や同僚間で意見や情報がきちんと共有されており、社員が自分の意見を言いやすい職場のことを指すようです。

ただ、いくら自分の意見を言いやすいといっても、身勝手なことを言ったり、上司の命令に違反したりするような職場は「風通しのよい職場」とは言えません。風通しのよい職場をつくるには、規律やルールが必要です。

一方で、上司が部下に注意するのをためらうような職場もやはり、「風通しがよい」とは言わないでしょう。健常者が障がい者に遠慮したり、障がい者が健常者に遠慮したりするような職場もまた同様です。

つくし更生会では、相手が障がい者であれ、健常者であれ、上司であれ、部下であれ、よいこともよくないことも言い合える職場です。これもまた、「企業風土」と深く関わる当社の特徴かもしれません。

使命があるから会社がまとまる

もちろん、私たちは職場の風通しをよくするため、よい企業風土をつくるために会社を経営しているわけではありません。

社員たちの気持ちを日々推し量り、よい人間関係をつくり、少しでも前向きに仕事に取り組んでくれるよう努力しているのは、会社を存続させていくためです。

仕事の手抜きや、人間関係を悪化させる行動を放置し、それが当たり前になってしまえば、企業風土はすぐに悪い方向に変わり、ミスが増えて、仕事を受注できなくなるかもしれません。すると会社は終わりです。

逆に、社員一人ひとりが仕事に前向きになって互いを尊重できるようになれば、企業風土はどんどんよくなり、会社存続の可能性も高まります。

私たちが曲がりなりにも、それができているのは、先ほどの「企業風土」の定義ではありませんが、日々掲げ、達成に向けて邁進している「使命」のおかげです。

理念や使命に共感してくれる人が社内に多ければ多いほど、会社は一つにまとまりやすくなります。だから、つくし更生会では就職希望者に「私たちの使命に共感できるか」を確認し、入社後も折に触れて私たちの使命の確認を行い、社員に対し使命の浸透を促しているのです。

風通しをよくするには、空気の流れを考えなくてはいけません。やみくもに通気性をよくしても、風と風がぶつかって、かえって空気の流れが悪くなることもあります。

空気の流れを一定方向にする上で重要なのが、会社の理念や使命なのです。

理念や使命には、社内の風の通りをよくする役割が間違いなくあります。共通した理念や使命感があれば、誰もが、仮に言いづらいことであっても、皆にとって正しいと思うことをしっかりと言えるからです。

使命があったから、正しいと思うことを継続して共有し続けてこられた、私自身の実感です。

働いて幸せになる。健常者も、障がい者も

私は、つくし更生会が、「社員たちが使命を感じ、よい空気の中で、働くことで成長できる場」であってほしいと思います。

「働いて幸せになる」というのは、そのことを言うのでしょう。

ご存じかと思いますが、日本理化学工業という会社があります。

チョークをはじめとする文房具・事務用品の製造販売を行う会社です。障害者雇用に力を入れていることでも知られ、第6回「日本でいちばん大切にしたい会社」大賞他、数多くの賞を受賞しています。

同社で社長・会長を歴任した故・大山泰弘さんは、障がい者を雇用しつつも、本心では「施設で暮らしたほうが、障がい者は幸せなのではないか」と思っていたそうです。しかし、ある法事でお坊さんから、こう言われました。

「幸せとは、1．人に愛されること、2．人にほめられること、3．人の役に立つこと、4．人に必要とされることです。愛はともかく、後の3つは、働くことで得られるのですよ」

この言葉に、大山さんは深く納得し、後には「愛も、働くことで得られるのだ」と思い至ったといいます。

働くことでしか人は幸せになれない、とは言いません。幸せの形は人それぞれでしょう。ただ、「働くことで得られる幸せ」は、間違いなくあります。

もちろん、働きさえすれば幸せになれるかと言えば、そんなことはありません。手を抜けば、怒られたり煙たがられることはあっても、ほめられ必要とされることはないからです。それは健常者であっても、障がい者であっても変わりません。

つまり、一生懸命にやって、一人前の仕事ができて初めて、人にほめられ、必要とされるのです。

一人前の仕事をして、会社や仲間からほめられ、認められ、必要とされ、役に立っているという実感があるからこそ幸せを感じ、質の高い仕事ができるのだと思います。質の高い仕事をして、誰かに喜んでもらえるから、人は成長でき、成長することでさらにお客様に提供できることが増えていきます。

「一人前の仕事といっても、障がい者の場合はなかなか……」と言う人がいるかもしれません。

障がい特性がある人たちには、確かに、「できないこと、苦手なこと」があります。しかしそれは、これまでの学び方、教育の受け方に課題があり、考え方や解決能力などが育っていないからです。もともと力量がないわけではありません。

学び方、教育の仕方を振り返ることなく、「現実に、できないではないか」と評価しているとすれば、非常にもったいないことだと思います。

これもまた、障がい者に限ったことではなく、健常者も同じではないでしょうか。

私は、働く場が、障がい者も健常者も、みんなが「特性を生かせる場」であればいいなと考えています。

「この会社はずっと残さないかん」

社員の中には、入社直後からいろいろな問題を起こす人もいます。

その中でもなかなかの問題児だったHさんが、無事定年まで勤めあげた時、涙ながらに、皆にこう言ってくれました。

「この会社は、ずっと残さないかん」

Hさんのこの言葉が忘れられません。

つくし更生会は、その名前の通り、みんなが更生する（甦る）場所です。

障がいのせいでいろいろなことがうまくいかず、つらい人生を送ってきた社員たちが、つくし更生会で働くことで甦る。これからの人生をよりよいものにしていく。過去は変わらないけれど、今が変わることにより、過去への評価も変わることを体感する。

これらのことを実際に体験した先輩たちが、つくり、つなげてきた場所です。

だからHさんは、「この会社は、ずっと残さないかん」と言ってくれたのだと思います。

現在は私たちが、つくし更生会を預かっていますが、重要なのは、次世代にちゃんと受け渡していくことです。可能であればさらによい会社にして、受け継ぐ側にも安心して受け取ってもらいたいと考えています。

私たちが受け取り、次につないでいくべき会社の根本にあるのは、言うまでもなく「使命」です。

くどいようですが、次のことが私たちの「使命」です。

〈私たちの使命〉

障がいがあっても、物心両面の環境が整えば、一人前の仕事ができる。
障がい者と健常者は一体となれる。
それを証明し伝えること。

今後もこの「使命」を果たしていくためには、

1.「使命」を伝え、共有していくこと
2.つくし更生会が、社会的に価値があるものであり続けること

この2つが必要です。
これらのことを、経営者と社員がしっかりと協力し合い、実現していかなければなりません。だから私たちは社員たちと、先輩たちがつくってきたこの会社を守り、後輩につなげていくにはどうすればいいのかを、ことあるごとに話し合うようにしています。

会議を始める時、安全衛生委員会を始める時には、誰かに「使命」や「心得」を読んでもらいます。会議や仕事の終了時には、「今日の仕事を振り返ってみて、どうでしたか？」と問いかけて、自分自身を顧みる時間をつくります。

記念式典なども、私たちの「使命」を確認する、とてもよい舞台になっています。

例えば、つくし更生会はおかげさまで創立40周年を迎え、2024年3月9日には「会社設立40周年記念式典　繋いできた想いを未来へ！」を開催することができました。

社員、社員の家族、株主の皆さん約80名の身内だけで行い、社員一人ひとりが頑張っている仕事や、皆で努力している安全衛生委員会やISOの取組み、お客様や社会から認めていただいている点を発表。社員それぞれが頑張って練習し、発表してくれたので、社員の家族や株主さんと、喜びや使命感を共有することができました。

こうした特別なイベントも、「使命」の浸透や社員の学びに、とてもよい機会だと考えています。

「全国トップクラス」から「日本一」へ

つくし更生会の価値は、前述の通り、

1．廃棄物処理施設の運転・管理で全国トップクラスになること
2．定着率が高い状況で、障がい者雇用で全国トップクラスになること

この2本柱であると考えて、これまでやってきました。
ただ実は私は、自分の中でこの2つの価値の視座を高くしようと考えています。「全国トップクラスになる」ではなく、「みんなで日本一を目指していこう」と心に決めているのです。

この本を読んだ社員をびっくりさせてしまうかもしれませんが、今であれば、日本一を目標にできるところまで来ているし、社員のみんなはすでに、日々の取り組みでそこを目指してくれていると感じます。

廃棄物処理施設の供用年数や、最終処分場の残余容量と残余年数においても日本一になることを目指しています。私たちは「日本一」になることで、お客様である行政、そしてその先にいらっしゃる住民の方々の利益に、より資することができるようになります。

『日本でいちばん大切にしたい会社』の著者である坂本光司先生は、企業経営とは、①社員とその家族、②仕入先や協力工場等で働く社外社員とその家族、③現在顧客と未来顧客、④地域住民、とりわけ障がい者や高齢者などの社会的弱者、⑤株主・出資者・支援者の5人を幸せにすることだと説かれています。

つくし更生会は、そもそも初めから、①社員とその家族のためにつくられた会社でした。そこから、③顧客である行政と、その先の④地域住民の方々が私たちを選んでくれたことに報いるために、会社の価値を高める努力をし、社会に認められることで⑤株主・出資者・支援者に喜んでもらえるサイクルを回してきました。

その結果として、今があるのです。

経営陣である私たちは、これからも、

●会社が成長していくために、社員が納得した上で、目の前の仕事ができているか
●そのためには、経営を預かる者が「社員が納得できるもの（働き甲斐があるもの）」を提供できているか。社会に必要なものとして提示できているか
●自分自身がこの仕事をしてよかったという自負心があるか

を、常に自らに問いかけながらやってまいります。

つくし更生会での日々や、見学者・支援者の皆さんとの交流によって、「本来大切なものを、大切なものと気づいて、それを実現し守るために努力をし続けていくこと」が、会

社経営においても人生においても、非常に価値があると知ることができました。
このことを教えていただいたことに、深く感謝しています。
最後に、私たちの工場に掲げているパネルをご紹介させていただきます。

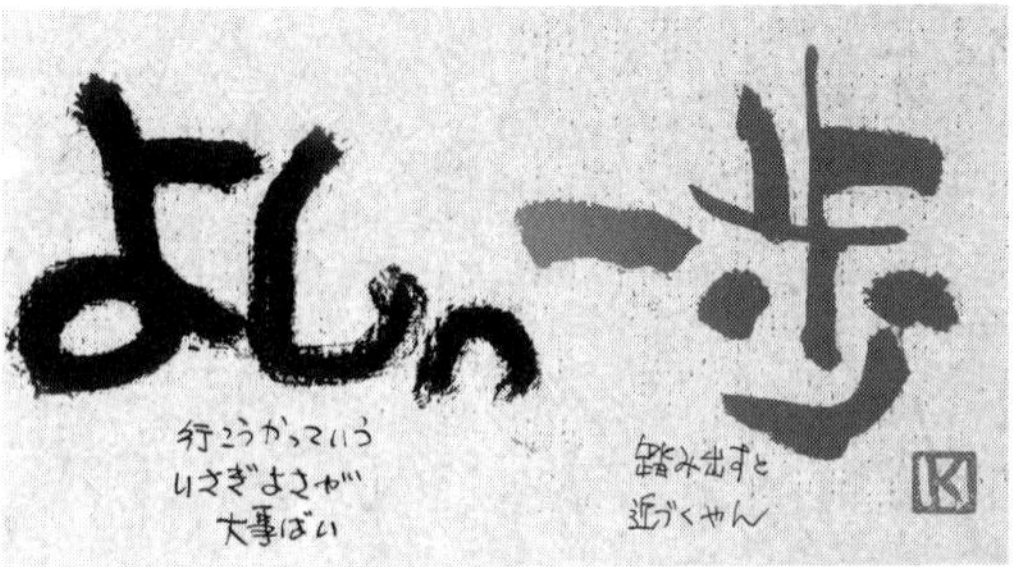

「よしっ一歩」
よしっ行こうかっていう
いさぎよさが大事ばい
一歩踏み出すと近づくやん

おわりに

創業者から学んだこと　〜苦しみ抜いたその未来《さき》に〜

つくし更生会の創業者である小早川は、お客様である行政にも社員にも信頼が厚く、本当に人格者と言える人でした。ただ、当時の社内は、誰かが何かをしたいと思った場合は、チームで話し合って有効的な手立てを検討するのではなく、個別に小早川に相談して指示をもらうという組織だったので、小早川がいなければ成り立たない、とても弱い体質でした。

私がつくし更生会に入社して10年ほどがたち、経営の立て直しに取り組み始めた頃は、創業者である小早川が勇退して日も浅く、組織の体質はそれほど変化していませんでした。

その頃は、小早川が在職時から懸案となっていた問題が残されており、会社としてとても厳しい状況になっていたため、対策に思い悩んだ私たちは、すでに勇退した小早川の自宅まで相談に行ったことがありました。

その際の言葉は「任せた以上、会社を辞めた人間があなたたちに言うことは何もない。自分たちで考えなさい」というものでした。こんなにも厳しい状況なのに具体的なアドバイスをしてくれない……。私たちはさらに困り果てました。

「どうして自分が会社のためにこんなに犠牲を払わなければならないのか。もう辞めてしまいたい」と考えたこともありました。

しかし、その後必死に考え取り組んできたことが、現状の社員の成長、会社の価値の向上、お客様からの信頼につながったのだと思います。

今思えば、私たちは小早川の物事への姿勢を見てきたからこそ、逃げ出さずに問題や課題に対処できたのでしょう。具体的なアドバイスがなかったのも「自分で答えを見つけないと本当の力にはならない、自分のためにはならない」と期待をし、あえて厳しく対応したのだと思います。時間の経過とともに、その小早川の器の大きさ、懐の深さを理解することができ、形には見えにくい志や使命感、覚悟の重要性を学ぶことができました。

私たちは、そうした創業者の思いを現在の「使命」という形あるものに昇華させ、業務や皆で取り組むことに結びつけていくことで、社員にわかりやすく、共有できるものにしてきました。

形ばかりの理念であれば、こうした伝え方をしても、先輩や社員の気持ちに響かなかったかもしれません。私自身も、その理念が心底から腑に落ちていなければ、頑張れなかかったでしょう。しかし私たちの「使命」は、文字通り、創業者たちが命を懸けて取り組んできたものでした。だから私たちは、曲がりなりにもやってこられたのです。

今思えば、私たちを苦しめたのも創業者たちの偉大さでしたが、大切なことを気づかせてくれたのもその偉大さの故でした。

わかりやすく言葉にして説明してもらったことはそれほどありませんでしたが、障がい特性がある人たちとともに取り組む仕事を通して、経営を預かる者としての覚悟や人としての在り方を学ばせていただいたと受け止めています。

これからもモデル企業として在り続けるために、学んでいきます。

以下は、２０１９年に私たちが全員で考えたメッセージです。

Ｓｉｎｃｅ２０１９メッセージ（社員全員で考えたメッセージ）

つくし更生会は成長する船です。私たちは信頼できる仲間と共に「想い」を未来へ繋ぎます。

〈創業者から学んだこと〉

①世間（社会）、行政・地元市民（お客様）、会社、社員と4者の『つながり』を捉えておくこと

②『強靭な心』の持ち様

③ことを為しえるための『情熱』

④人の思いはその人の『姿勢』に表れること

⑤経営に対する『責任』とそれに伴う『行動』

⑥日々の『積み重ね』の大切さ

⑦先を考えて、『コツコツ実直に行った行動』には、必ず理解者が現れること

⑧共に働く人を『大切に思う』こと

⑨『責任は自分』他責にしないこと

⑩他人に優しく『自分に厳しく』

⑪『あえて』厳しい道を選ぶこと

⑫人は『いつからでも、誰からでも』学ぶことはできる。学びは『自分次第』

那波和夫

参考資料

- 『日本でいちばん大切にしたい会社4』坂本光司著（あさ出版）
- 「『働く幸せ』の道　知的障がい者に導かれて』大山泰弘著（WAVE出版）
- 『人を動かすマーケティングの新戦略　「行動デザイン」の教科書』博報堂行動デザイン研究所／國田圭作著（すばる舎）
- 『ブランディング22の法則』アル・ライズ／ローラ・ライズ著（東急エージェンシー）
- 『戦略と実行　組織的コミュニケーションとは何か』清水勝彦著（日経BP社）
- 『職場の問題地図～「で、どこから変える？」残業だらけ・休めない働き方』沢渡あまね著（技術評論社）
- 『プロセス・コンサルテーション』E・H・シャイン著（白桃書房）
- 『学習する組織――システム思考で未来を創造する』ピーター・M・センゲ著（英治出版）
- 『新版　社員をサーフィンに行かせよう：パタゴニア経営のすべて』イヴォン・シュイナード著（ダイヤモンド社）
- 『ビジョナリー・カンパニー／時代を超える生存の法則』ジム・コリンズ著（日経BOOKプラスサイト）
- 『ストーリーとしての競争戦略』楠木建著（東洋経済新聞社）
- 『奇跡の経営　一週間毎日が週末発想のススメ』リカルド・セムラー著（総合法令出版）

・『利益とコストの人間学』相川充著（講談社）
・『日本におけるバリアフリーの歴史』（日本義肢装具学会誌　VOL.36）髙橋儀平
・『個人の発達・成長と「福祉のまちづくり」――仙台市における生活圏拡張運動（1960年代末〜）から学ぶもの――』（人間発達科学部紀要　第1巻第1号）平川毅彦

執筆協力者プロフィール

TNC（Team nice company）

「いい会社」にして、大切にしたい5人（①従業員とその家族・②お取引様とその家族・③地域社会・④お客様・⑤株主）を幸せにしたいと願う経営者を支援する集団

小林由起（こばやし・ゆき）

書籍化チームリーダー
税理士・ペット終活コンサルタント
「日本の中小企業を元気にするお手伝いがしたい！」と税理士になったが、税理士の本来の業務をこなすだけでは難しいと考え、「いい会社研究会」に参加。「いい会社」とは何かを日々考える中、株式会社障がい者つくし更生会に出逢う。お客様に寄り添い「いい会社」を創るお手伝いに日々奮闘中。

青木篤実（あおき・あつみ）

企業理念研究家
「いい会社」を増やすことで働く人が幸せな社会にしたい。そのためには企業理念から筋を通すことが重要と確信し、13年以上研究を続ける。企業理念についての啓蒙活動や作成・活用も支援。株式会社障がい者つくし更生会は、創業時の志からブレがなく筋の通し方が秀逸であり、今回執筆に関われたことに感謝。

岩﨑恭男（いわさき・やすお）

税理士
大阪で税理士事務所を開業。中小企業の経営者との対話を通して管理会計や組織心理、組織行動を探究・検証し、経営が実行できるフィードバックを提供。本書籍化リーダーの小林税理士の紹介で、株式会社障がい者つくし更生会を見学、その理念と活動に感銘を受けファンになる。一人でも多くの人々にその価値を伝えたいと思い、書籍の執筆に参加。

川嶋英明（かわしま・ひであき）

社会保険労務士
社会保険労務士だった叔父の病気を機に猛勉強して社会保険労務士に。その後、亡くなった叔父の跡を継ぐ形で、2013年に愛知県名古屋市にて社会保険労務士川嶋事務所を開業。著書に『「働き方改革法」の実務』『就業規則作成・書換のテクニック』（いずれも日本法令）の他、中日新聞、雑誌『ビジネスガイド』などに執筆実績多数。

長瀧真実（ながたき・まみ）

社会保険労務士
社会保険労務士法人ながたき事務所　代表社員。大手信託銀行、専業主婦、社会保険労務士事務所勤務を経て、社会保険労務士事務所を開業。2018年に法人化。人が育ち・人が活きる人事コンサルティングを得意とし、働いて幸せになる会社づくりを支援。経営者の答えのない問いを共に解決する伴走者。

著者紹介

那波和夫（ななみ・かずお）

株式会社障がい者つくし更生会　専務取締役
福岡県生まれ。1988年大学卒業後、環境保全車両等の製造・販売会社に入社、営業部を経て1995年株式会社障がい者つくし更生会に入社、春日大野城リサイクルプラザの不燃性一般廃棄物処理施設全般の運転・管理の業務に携わる。

2009年に現職に就き、障がい者の理解、共に働ける環境づくりが、会社の価値向上につながることを確信し、経営に取り組んできた。

現在、つくし更生会は健常者と変わらない賃金を実現し、障がい者も高い生産性を上げられることを実証しており、全国から企業・教育者・福祉関係者等多くの視察者が訪れている。

同社は2015年、「日本でいちばん大切にしたい会社大賞」審査委員会特別賞を受賞。ドキュメンタリー番組「“できる”を集めて」（テレビ東京系列）など、多くのメディアで紹介されている。

奇跡《きせき》の会社《かいしゃ》
障《しょう》がい者雇用率《しゃこようりつ》100%の株式会社《かぶしきがいしゃ》が
なぜ業界《ぎょうかい》トップクラスであり続《つづ》けるのか　〈検印省略〉

2025年　1　月　17　日　第　1　刷発行

著　者――那波　和夫（ななみ・かずお）
発行者――田賀井　弘毅
発行所――株式会社あさ出版

〒171-0022　東京都豊島区南池袋 2-9-9 第一池袋ホワイトビル 6F
電　話　03（3983）3225（販売）
　　　　03（3983）3227（編集）
F A X　03（3983）3226
U R L　http://www.asa21.com/
E-mail　info@asa21.com
印刷・製本　（株）シナノ

note　http://note.com/asapublishing/
facebook　http://www.facebook.com/asapublishing
X　https://x.com/asapublishing

ISBN978-4-86667-699-9 C2034

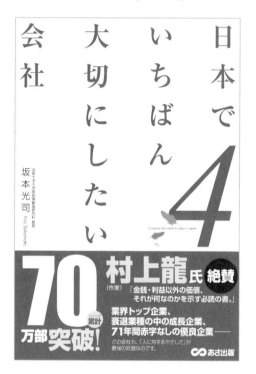